プロローグ

学校がつらい…

行きたくない…

それは、誰に湧いてきてもおかしくない自然な気持ち。

でも、それが続くと、何がつらいの？　学校に行かなくても大丈夫なの？　など、親子は不安な日々を過ごし、不必要に傷ついたりしてしまいます。

「パパ、ママ、どうして学校に行かなければいけないの？」

もし、お子さんが「幼稚園に行きたくない…」「学校に行きたくない…」と言ったらどうしますか？

そうでなくとも、

「どうして学校に行かなければいけないの？」

という言葉が子どもの口から発せられた時、そこに「行きたくない」という気持ちの存在を感じつつも、大人なりの色々な考えや思いを子どもに話して聞かせるのではないでしょうか。

わが家の場合、それは息子が幼稚園の年長の時に訪れました。

はじめは、「行きたくない」と言われても、何とかして慣れさせなければならない、それが親の責任だ、と思い、そのことに疑いを持つことはありませんでした。

小学校入学という前提が、少し先に待ち構えているからです。

「幼稚園や学校は、将来社会に出るための準備の

場所」

「学校で勉強しないと家では同じようにはできない」

「嫌なこともあるかもしれないけれど、集団の中で色んな体験をしながら、人間関係や社会のルールを学ぶことが大事」


笑顔と生気がなくなった息子を前にしても、そういった世間で言われている一般的な学校に行く意味が頭から離れず、息子のつらさよりもそちらを優先させてしまいそうでした、その時は。


学校に通えなくなる理由は色々あると思うのです。

いじめられたとか、先生が怖いとか、集団行動が苦手とか、規則が苦手とか。

それは一時的なことだからと、多くの人は、行かせるべきだと考えるかもしれません。

しかし、中には、一時的ではなく、常に学校がとてもつらくて、行きたくないと感じる子がいます。

そんな子は、ひょっとしたらＨＳＣ（Highly Sensitive Child）の、とても敏感で繊細な気質を生まれ持っているかもしれません。

●HSCとは？

HSC（Highly Sensitive Child）＝生まれつき繊細さや感性の鋭さ、慎重さを持つ、〝とても敏感で感受性が高い子〟のことです。

HSCは、感性の鋭さや感受性の高さ・豊かさのほかにも、想像性に富み、人の気持ちを汲み取ってそれに寄り添ったり、その場の空気を読み取ったりするなど、思いやりや共感力・直感力に優れていて、細かい気配りができるなどのとても優れた面を持っています。

大人の場合は、HSP（Highly Sensitive Person）と言います。

アメリカの心理学者、エレイン・N・アーロン博士によって提唱された概念です。

ほぼ5人に1人は、HSC・HSPに該当すると言われています。

HSCのHighly Sensitive〝高い敏感性・感受性〟とは、生まれ持った気質のことです。

気質は、本質的には大人になっても変わることはありません。

●HSCが受けてしまいやすい誤解

その気質が環境に合わないと、抵抗や拒否反応が起こることがあるのです。それは自然なことなのですが、周りからは、

・やる気がないと受け取られる。
・甘えと受け取られる。
・わがままと受け取られる。

このような誤解を受けてしまうケースも多々あり、残念ながら、そのような誤解が、敏感で感受性が高い子の生きづらさになったり、自己を否定することにつながってしまったりしています。

HSCは、〝病気〟や〝障害〟ではなく、〝気質〟であるため広まりにくく、まだ知らないという人のほうが多いのです。

そこで、できる限り誤解をなくし、生まれ持った気質が理解・尊重されることで、自分はそのままで価値があると感じられる自己肯定感を得られるよう、本人にも周りの人にも、正しい知識を持ってもらう必要があるのです。

●レッテル貼り？　ラベリング？　カテゴライズ？

一方で、「ＨＳＣ」などという名前に対し、新たなレッテル貼りだという意見や、枠にはめて決めつけることはしたくないという意見もあり、何となく周りの人に言い出しにくい、拡散されにくい、という『ＨＳＣ拡散に立ちはだかる壁』のようなものを感じることがあります。

しかし、名前は、枠にはめて決めつけるために提唱されているものではありません。抱えている悩みに名前がつくことで、敏感で感受性が高い子の反応を否定する必要がないことや、受け止め方がわかることもあります。

子どもさんや親御さんご自身、あるいは、大切な人の生まれ持ったありのままを知ることができ、適切な関わり方ができるようになる、大切な用語なのです。

●共通する、繊細さ・感受性の高さ・思慮深さといった特徴

私は10年ほど前から精神科医の夫の診療に立ち会ってきました。人の心や過去に深く接し、4年ほど前より心理カウンセラーとしての仕事を本格的に始めました。

その中で、社会不安障害、適応障害など、苦しみを抱えてつらい思いをしている方々から、学校や合わない環境に無理に頑張って適応しようとし続けて、ストレスでいっぱいになったり、心に傷を負う体験を繰り返してこられたという話を伺うことがありました。

その方々の多くに、「繊細さ・感受性の高さ・思慮深さ」といった特徴が共通していることを捉えていました。

その後、知人からHSCについて耳にしたことをきっかけに、その特徴こそがHSCだと知ったのです。

●心の傷が与える、将来への影響を防ぎたい

学校などの集団や組織では、ＨＳＣの気質から起こる強い感情の反応は受け入れられにくいものです。ＨＳＣは、適応を強いられると精神的にとても疲弊してしまいます。また、敏感で繊細な感覚や反応を否定されたり無視されたりすることで、子どもは深く傷つき、自尊心や自己肯定感が削がれていってしまいます。孤独感や不信感、そして、恐怖や敏感さの高まりは、育っていく過程の体験がとても影響しているのです。

本人と周りの理解が重要だからこそ、私はＨＳＣをもっと広く、多くの人に知ってもらい、ＨＳＣが持つ素晴らしい力を発揮できる場を増やせたらと願っています。

そのような思いから、無理な登校が促されることで、将来にまで影響を及ぼすような心の傷を防ぐことができるよう、学校生活のつらさの一因に、ＨＳＣの、とても敏感で繊細な気質があるということを知ってもらいたくて、この本をつくることにしました。

●葛藤と不安……苦しむ親

学校に行きたくなければ行かなくていい。

そのような考え方をする人や、そのような発言を見聞きすることもとても増えましたし、私もそう思っています。

実際に、すべての子の学ぶ場が「学校」である必要はない、選択肢はいくつもある、ということが当たり前であったら、ここまで傷を負うことなどなかった、傷を負わせることなどなかったのに、という声がたくさんあるのです。

しかし、現実には、子どもが学校に行けなくなると、克服させる、適応させるのが〝普通〟や〝当たり前〟という先入観に迫られます。多くの場合、特にお母さんばかりに葛藤と不安がどっとのしかかっています。

そして、

「私の子育てが悪かったのではないか…」といった自責感
「先生や学校に迷惑をかけてしまっているのでは…」といった罪悪感
「何とか適応できるように頑張らせなくては…」といった責任感
「このまま行かなくなったらずっと行けなくなるかもしれず、将来が心配…」といった不安感、

これらがまとわりついて心が揺さぶられるのです。

学校の何がつらいの？　もし学校に行かなかったらどうなってしまうの？

学校に行きたくなければ行かなくていいと腑に落ちるまで、親子は不必要に傷ついたりするなどして、不安な日々を過ごしてしまいます。

子どもにも、親にも、「学校に行かなくても、今も将来も大丈夫」と思える安心材料が必要なのです。

●防ぎたい！

気質が学校に合わなければ、その子にとって学校は地獄だと言われます。ずっと我慢して学校に行き、苦しみに耐え、張りつめていた糸が切れると、自分が悪いのだ、至らないのだ、と自責する。そうやって大人になった方が抱える「心の傷」がどんなものなのかもほかの人にはなかなか理解されず、その傷がさらにえぐられることもあります。

そのような苦しみや悪循環を止めたい！　カウンセリングのたびに思ってきたことのひとつです。

仕事や生活に支障をきたすほどの生きづらさや苦しみを抱えている場合の回復は簡単ではありません。

負わなくて良かったはずの傷や抱えることとなった自己否定感、そういったものを持つ方々の歴史に、日常的に触れているからこそ「生きづらさや苦しみを防ぎたい！」そう強く思うのです。

filemy

●不登校になりがちな気質の子とその親が、もっと幸せを感じられる社会になるように

本来HSCは、個性的で素晴らしい魅力や才能に溢れていて、その子に合った環境や関係を選択できていれば、その子らしさが発揮され、自己肯定感や自己価値が削がれることなどありません。

否定されることなど、何ひとつありません。

HSCに必要な環境や接し方があることや、子どもによっては学校以外の学びの場の選択肢が必要であることを、声を大にして言いたいと思います。

「これが当たり前の社会になるように」

私は、学校生活がつらい、行きたくないというHSCにとって、学校に通うだけが唯一の方法ではないことを、皆さんにお知らせしたいのです。

flemy

学校のほかには、例えば、フリースクール、適応指導教室、デモクラティックスクール、インターナショナルスクール、ホームスクール、親の会、特色ある教育、学習塾、アンスクーリングなどがあります。

その子に合った学ぶための環境を用意しようと思う時に、こういった学校以外のオルタナティブ（既存のものに取って替わる新しいもの）な場所で、心身ともに健康でいられるものを選んだ方が幸せな子がいるのです。

ただ、現状では不登校の子たちが学校以外の場所で安心して学べる制度が十分には確立されていません。

学校に戻すことを目的とした、学校の先生などからの働きかけが負担となって悩んでいるという親御さんも多くいらっしゃいます。

ですから、その先のセーフティーネットとして、学校以外にも選択肢があることを伝えたいのです。

ＨＳＣは、多様性のひとつです。その個性を失わせてはいけないのです。

●HSCの本をつくるためにクラウドファンディングを選んだ理由

私の目的は、学校教育批判ではありません。

学校には学校の価値や良さがあると思いますし、素晴らしい先生も大勢いらっしゃいます。

しかし、やはり『学校という環境がどうしても合わない子』もいます。とてもつらい思いをして心に傷を負った子もいます。


親御さんからは、HSCの概念をもっと早く知れたら良かった、という思いや、後悔の言葉も聞かれます。

私たち親にとって、子どもを学校に適応させようとすることはあまりにも〝当たり前のこと〟でしたし、気質と学校の相性についても知識を持ちえませんでした。

だから無理をさせてしまった…。

けれど、正しい知識を身につけて、その子が本当に必要とするケアが施され、気質に合った対応や選択をしていくことで、本来のその子らしさを取り戻せる！　伸ばせる！

ということをお伝えしたいのです。

そのために、選択の判断・安心材料となる本を制作して、敏感で感受性が高い子を守りたい！

そして、このような思いをプロジェクトにして支援を募ることで、仲間やサポーターになってくれた方々とチームをつくって拡散できたら何よりありがたい！

そう思い、私はクラウドファンディングに挑戦しました。

クラウドファンディングでは、本当にたくさんの方々がご支援くださり、お力をくださいました。

そして、願いの込められたたくさんの応援メッセージが届けられました。

おかげ様で無事に目標金額を達成し、プロジェクトを実行できることになりました。そのメッセージもこの本に載せることができることをとても嬉しく思います。

こうして「ＨＳＣ」が認知され、サポーターさんが増えることで、敏感で感受性の高い子どもが、安全・安心と感じられる社会になることを願っています。

同時に、どうしても学校教育や、学校という場、その雰囲気自体が合わないＨＳＣの親子が、学校に行かなくても幸せを感じられる安心材料も必要です。

この本が、その安心材料のひとつとなりますように…。

同じ願いを胸に、集まってくれた書籍制作プロジェクトのメンバーと力を合わせて、この本はつくられました。

目次

第2章　HSCと学校……65

第1章

HSCの基礎知識

●日本では、まだあまり知られていないＨＳＣ

ＨＳＣ（Highly Sensitive Child）とは、生まれつき繊細さや感性の鋭さ、慎重さを持つ『とても敏感で感受性が高い〝子ども〟』のことです。

『とても敏感で感受性が高い〝人または大人〟』のことはＨＳＰ（Highly Sensitive Person）と言い、いずれもアメリカの心理学者、エレイン・Ｎ・アーロン博士によって提唱された概念です。

ご自身もＨＳＰで、ＨＳＣを持つ親でもあるアーロン博士によって「敏感性・感受性」の本質を理解するためのたくさんの調査と研究が重ねられ、まず、１９９６年にアメリカで『The Highly Sensitive Person』というタイトルで書籍が出版されました。この本は大ベストセラーになり、その後世界各国で翻訳出版されています。

日本でも、２０００年に『ささいなことにもすぐに「動揺」してしまうあなたへ。』（冨田香里訳／講談社）というタイトルで翻訳出版（現在、ＳＢクリエイティブより刊行）されました。それ以来、ＨＳＰという言葉は、少しずつではありますが、知られるようにはなってきています。

一方で、ＨＳＣという言葉が、日本で知られるようになったのはそれよりだいぶ後になってからです。

すでに２００２年にはアーロン博士によって『the highly sensitive child』というタイトルでＨＳＣについて詳しく書かれた本が出版されていたのですが、日本語に翻訳され、『ひといちばい敏感な子』（明橋大二訳／１万年堂出版）として日本で出版されたのは２０１５年なのです。

発売されて数年しか経っていないので、世間では、まだ、あまり知られていないようです。

また、ＨＳＣ（ＨＳＰ）自体は、障害や病気の名前ではなく、あくまでも心理学的な概念であり、気質（生まれつき備わった性質）を表すものです。そのため、医療関係者の間に広まっていないことも一般的にあまり知られていない理由のひとつと思われます。

●HSCの割合は？

アーロン博士が行ってきた調査や研究によると、子ども全体の15～20％（ほぼ5人に1人）がＨＳＣ（Highly Sensitive Child）に該当すると言われています。

ただし、中には、一見しただけではＨＳＣだとわかりにくいタイプも存在します。それは、敏感さや感受性の高さとともに、強い好奇心を併せ持っているタイプの子です。

その強い好奇心を持つ遺伝的気質を、ＨＳＳ（High Sensation Seeking＝刺激追求型）もしくはＨＮＳ（High Novelty Seeking＝新奇追求型）と言います。

このタイプは、新しい刺激を求めて活発に活動する傾向が強く、また、自分の思いを通そうとする傾向も強いなどの特性から、ＨＳＣの持つ敏感さや感受性の高さが隠れてしまいやすい傾向が見られます。

そのため敏感さや感受性が高いことに気づかれにくいのです。

しかし、その一方で、ＨＳＣの気質である繊細さや、自分の内側に意識が向いて、物事を深く考えるところが見られるのです。

子ども時代は、「言うことを聞かない子」「怒りっぽい子」「扱いにくい子」と思われがちです。周りの大人たちが、このタイプの特徴をよく理解することが大切です。

●HSCの4つの性質　～DOESについて～

ＨＳＣの根底にある性質には、次の４つの面があると言われています。

①Ｄ（深く処理する：Depth of processing）
・慎重で、状況をよく観察し、気づいたことをじっくり考えてから行動する。
・物事の内容を深く読み取る。

②Ｏ（過剰に刺激を受けやすい：being easily Overstimulated）
・刺激を受けやすく、疲れやすい。
・刺激に圧倒されると、ふだんの力を発揮することができなくなることがある。

③E（全体的に感情反応が強く、特に共感力が高い：being both Emotionally reactive generally and having high Empathy in particular）

・感じ方が深くて強い。

・強い感情に揺さぶられる。例えば、他人の気持ちや感情に影響されて、うれしくなったり、動揺したり、悲しくなって元気がなくなったりする。

・他人の気持ちを読み取ってそれに寄り添ったり、その場の空気を感じ取ったりするなど、思いやりや共感する力・状況を察知する力に優れている。

④S（ささいな刺激を察知する：being aware of Subtle Stimuli）

・音・におい・光・肌ざわりなどのささいな刺激を察知する。

・細かいことやわずかな変化（味・暑さ寒さ・物の配置・人の表情・髪型など）によく気がつく。

参考文献：『ひといちばい敏感な子』エレイン・N・アーロン著／明橋大二訳（1万年堂出版）

●HSCの10の特徴

ＨＳＣには、具体的に次のような特徴が見られます。

※ＨＳＣには個人差があり、当てはまるものや、その反応の強さ・弱さは、人によって異なります。またこれは、ＨＳＣの目立って見られる傾向に焦点を合わせて記しており、ＨＳＳ・ＨＮＳ*のそれについては触れていません。

＊　ＨＳＳ（High Sensation Seeking ＝刺激追求型）・ＨＮＳ（High Novelty Seeking ＝新奇追求型）＝強い好奇心を持つ遺伝的気質のこと。

①《刺激に対して敏感》

・音・光・痛み・かゆみ・肌ざわり・暑さ寒さ・空腹などに敏感に反応しやすい。
・細かいことに気がつく（ささいな刺激でも感知する）。
・かすかな音やにおい、ちょっとした味の違いに気がつく。
・物の配置、人のささいな変化にもよく気がつく。

②《**刺激を受けやすく、疲れやすい**》

・過剰に刺激を受けやすく、それに圧倒されると、落ち着きがなくなる、物事がうまくできなくなるといった状態になりやすく、人より早く疲労を感じてしまったりする。

・人の集まる場所や騒がしいところが苦手である。

・大人数の前や中では、力が発揮されにくい。

・誰かの大声や、誰かが怒鳴る声を耳にしたり、誰かが叱られているシーンを目にしたりするだけでつらくなる。

③《**慎重に行動する**》

・目の前の状況をじっくりと観察し、情報を過去の記憶と照らし合わせて安全かどうか確認するなど、情報を徹底的に処理してから行動する。そのため、行動を起こすのに時間がかかりやすい。

・刺激に慣れにくく、新しい刺激や変化を好まない。

・急な予定変更や突発的な出来事に対して混乱してしまいやすい。

④《**共感する能力が高い**》
・人の気持ちに寄り添い深く思いやる力や、人の気持ちを汲み取る力など『共感する能力』に秀でている。
・細かな配慮ができる。

⑤《**自分と他人との間を隔てる「境界」が薄いことが多い**》
・他人の影響を受けやすい。
・他人のネガティブな気持ちや感情を受け取りやすい。

⑥《**鋭い感性や深みのある考えを持つ**》
・直感力に優れている。
・漂っている空気や気配・雰囲気などから、素早くその意味や苦手な空間・人などを感じ取る。
・先のことまでわかってしまうことがある。
・物事の本質を見抜くことがある。
・思慮深く、物事を深く考える傾向にある。

・年齢のわりに難しい言葉を使ったり、深い質問をしたりすることが多い。
・正義感が強く、モラルや秩序を大事にする。
・差別や権力・支配を嫌う。

⑦《内面の世界に意識が向いていて、豊かなイマジネーションを持つ》
・想像性・芸術性に優れている。
・クリエイティブ（創造的）な仕事に向いている。

⑧《人との深いつながりや主体的に生きることを好む》
・1対1や少人数で話をするのを好む。
・自分が交流を深めたい相手を選び、その相手と同じことを共有し、深いところでつながって共感し合えるようなコミュニケーションを好む傾向にある。
・集団に合わせることよりも、自分のペースで思索・行動することを好む。
・（やりたくないことを）やらされたり、観察されたり、管理されたり、評価されたり、急かされたり、競争させられたりすることを嫌う傾向にある。

⑨《自己肯定感が育ちにくい》

・外向性を重視する学校や社会の中で、求められることを苦手に感じることが多く、人と比較したり、うまくいかなかったりした場合に自信を失いやすい。

⑩《自分の気質に合わないことに対して、ストレス反応が表れやすい》

・様々な形での行動や症状としての反応が表れる。（「落ち着きがなくなる」「固まる」「泣きやすい」「言葉遣いや態度が乱暴になる」「便秘」「不眠」「発熱」「頭痛」「吐き気」「腹痛」「じんましん」など）

・細かいことに気がついたり、ささいな刺激にも敏感に反応したり、過剰に刺激や情報を受け止めたりするため、学校での環境や人間関係から強いストレスを感じてしまい、不適応を起こしやすい。

・人のささいな言葉や態度に傷つきやすく、小さな出来事でもトラウマとなりやすい。

●周りにいる「HSCに関わっている大人たち」に対して心がけてほしいこと

皆さんの周りに、ＨＳＣを持つ親御さんや、ＨＳＣに関わっている大人がいたら、その人たちに、次のように対応してほしいのです。
①ＨＳＣの気質について知り、肯定的に受け止める。
②周りが情報を共有する。
③親の育て方が悪いからこうなったなど非難しない。

では、「ＨＳＣの10の特徴」を踏まえて、実際にＨＳＣと接する時には、どのように対応することが好ましいのでしょうか？

※ＨＳＣの特徴には個人差があり、当てはまるものや、その反応の強さ・弱さは、人によって異なります。また、ここでも焦点を合わせているのはＨＳＣで、ＨＳＣでありながらＨＳＳ*・ＨＮＳの気質を強く併せ持つタイプの子の場合には当てはまらないことがあります。

＊ＨＳＳ（High Sensation Seeking＝刺激追求型）・ＨＮＳ（High Novelty Seeking＝新奇追求型）＝強い好奇心を持つ遺伝的気質のこと。

●ＨＳＣと接する時の10のポイント

①《干渉しない》

・指示や口出しをせずに、できるだけ見守る。

・パターナリズム*的な干渉に注意する。

＊パターナリズム＝強い立場にある者が、弱い立場にある者に対して、あなたのためになると言って、本人の意志に関係なく受け入れさせていく干渉的関わりのこと。

②《無理強いをしない》

・急かさない。圧力を加えない。叱らない。ＨＳＣは話して聞かせるだけで十分である。

③《その子のやり方やペースを尊重する》

・ほかの子に合わせたり、ほかの子ができているからということを基準にするのではなく、その子が好むものを「選ぶ」、その子がやり出すまで「待つ」という姿勢を意識する。初めてのことで、まだ不安や恐怖心が存在している時に無理強いすると、子どもにトラウマを抱えさせてしまうことがある。好奇心が恐怖心を上回り、その子の自発的な意志でやり出すまでじっと待つことを心がける。

④《コントロールしない》

・褒めながら誘導することは控えめに。褒めることは子どもの自己肯定感を育む上で大切だが、大人のイメージ通りになるように仕向けるという誘導が加わると、コントロールすることになる。褒めて誘導することが日常化すると、子どもの主体性（自分の意志・判断によってみずから責任をもって行動する力）が育ちにくくなる恐れがあるので注意する。

⑤《ほかの子と比べたりしない》

・周りの子やきょうだいなどと比べない。否定的な言葉を使わないようにする。

⑥《避難場所をつくっておく》

・保育園や幼稚園、学校、そのほかにも子どもが苦手とするような場所では、いざという時にその場から離れて落ち着ける〝避難場所〟を確保できると安心。

⑦《早めに休ませる》

・刺激を受けすぎて疲れやすく、ストレスに対する反応が出やすいため、疲労が溜まらないうちに早めに休憩を取る。

⑧《共感し、子どもの気持ちを代わりに言葉にして語りかける》

・悔しかったこと、嫌だったこと、怖かったことなどに対して感じた、その時の気持ちを受け止める。うまく言葉にできないうちは、泣くことで解放できるようにすることも大事。泣き叫んでいる子に「うまくできなくて悔しかったんだね」「こういうところが嫌だったんだね」「こんなことされたから怖かったんだね」と語りかけ、その子の気持ちを代弁するなど、焦らず見守ってあげると、徐々に落ち着き元気になることが多い。実際、子どもは自分の気持ちにぴったりと合う言葉がけをしてもらうと、不思議なくらいに興奮がおさまったりする。

⑨《苦手なものから距離を置けるよう工夫する》

・苦手な場所・苦手なこと・苦手な人を子どもとともに確認して、苦手なものから距離を置けるよう工夫する。あらかじめ苦手であろうことには近づかないか、後回しにするなど、事前に打合せをしておく。

⑩《親との分離のタイミングの判断は慎重に》

・子どもを人に預ける、子どもを園や習い事に通わせるなど、子どもを親から離そうとする時に、それを嫌がっていたり、激しく泣いていたり、一旦泣きやんでもまたぐずっていたりするようなら、見合わせるなど、慎重に判断する。

●人に預けるか、見合わせるかの判断の目安

親ではない人に初めて子どもを預ける時、子どもがとても嫌がったり、泣きついてきたりしたら、そのまま預けるか、それとも見合わせるか、判断に迷うと思います。

この点についてアーロン博士は、著書『ひといちばい敏感な子』の中で、次のように語っています。

「HSCが親と引き離された時、どうなるかは予測しにくいものです。前章でお話ししたとおり、幼い子どもは本能的に、一人きりにされたり、じゅうぶんかまってくれない人と

一緒にいたりすることを嫌がります。でも、子どもの要求に柔軟に応えられる信頼できる人がいて、子どももその人のことを知っている場合、うまくやっていける可能性もあります。

ただ、とても嫌がっていたり、1時間たってもまだ泣いているようなら、誰かに預けるのをやめ、できる限り子どもと一緒にいたほうがいいでしょう。私は、少なくとも3歳までは、慣れた養育者から引き離される時間は最小限にとどめたほうがいいと思っています。そうすれば、数年後には自立した子どもに成長しているはずです。

というのも、幼い子、特にＨＳＣは、親から引き離された経験がトラウマになる傾向があるからです。これまでに、幼い頃に母親から長時間引き離された経験が、強い不安となって残っているＨＳＰを大勢見てきました」

（『ひといちばい敏感な子』エレイン・Ｎ・アーロン著／明橋大二訳／1万年堂出版　P.265～266より抜粋）

●愛着関係の傷を負いやすいＨＳＣ

愛着とは、子どもと特定の存在（親、養育者）との間に形成される特別な情緒的な関係（結びつき）のことです。

この愛着には、相手を選ぶという特徴があります。
例えば、愛着の対象となった人にだけ、泣いて注意を引いたり、抱っこをせがんだり、目で追いかけたりするなどの愛着行動が見られます。それ以外の人に対しては、むしろ愛着行動が抑えられるといいます。
愛着の対象になった人から、授乳・抱っこ・愛撫といった十分なスキンシップと、共感的で豊かな反応をもって関わられることによって、子どもに安心感と満足感がもたらされ、安定した愛着が形成されていくのです。

安定した愛着が形成されるにしたがって、心の中に「自分のことをいつも受け止め見守ってくれる親（養育者）がいる」「必要な時に求めに応じてくれる親（養育者）がいる」という感覚を持つことで、親（養育者）がいつも一緒にいなくても次第に安心して過ごせるようになっていきます。そしてその安定した愛着を土台にして、子どもは好奇心に導かれ、外の世界に安心して向かっていけるのです。

しかし、愛着が形成される時期や、子どもが親（養育者）から離れることに不安を感じやすい時期に無理やり引き離される体験をすると、それがトラウマとなって心に傷が残り、その後の生活に影響を与えることもあります。特にＨＳＣでは、その傾向が強いのです。

例えば、母親の姿が見えなくなるのではないかと警戒心が強くなって、母親にべったりとくっついて離れない、母親と離れ離れにならなければならないような時に、激しく泣いて母親の後を追おうとする、見捨てられるのではないかと不安が強くなり、母親の顔色や反応に対して過剰に敏感であったりするなどの、不安定な愛着パターンを示しやすくなるのです。

そういった様子が見られる場合は、前述のような時期に、親（養育者）から無理やり引き離された体験によって愛着関係に傷が残り、それが強い不安となって尾を引いていることが考えられます。

このような場合は、傷の回復を待ちましょう。

●愛着関係における傷を回復させるためには

傷の回復には、子どもが必要とする限り、できるだけそばにいて気持ちに共感すること、そして欲求を汲み取り、子どもの反応やニーズに応えようとする関わりがとても大切です。そのような愛情深い関わりを子どもが肌で感じながら安心感に包まれていくことによって、心の傷は癒され、落ち着きを取り戻していくのです。

対人関係は愛着という情緒的で温かい信頼関係をもとに成り立っています。不安定な愛着は対人関係を不安定にします。ですから、何もなされずに放置されたままだと、子どもの時だけではなく、大人になってからも「不安定な愛着スタイル」として引きずってしまうことがあり、夫婦関係や子育てなど、その子自身の人生において暗い影を落とすことにもなりかねないのです。

●学校や幼稚園などの、周囲の環境への不適応と愛着関係の傷

ＨＳＣが学校や幼稚園などの、周囲の環境になじめず、不適応を起こすということは少なくありません。これは、敏感な気質が原因となっている場合もありますが、過去の愛着関係（子どもと、親や養育者などの特定の存在との間に形成される特別な結びつき）における傷がもととなっていることがあるのです。

しかし、子どもが不安定な愛着パターンを示している場合でも、その後の関わり方次第で子どもの愛着パターンを安定化させることができます。

幼い時期ほど、不安定な愛着パターンの回復は早く、適切な養育環境に恵まれるようになれば、情緒的に落ち着いていきます。

中でも、敏感な気質を持つＨＳＣの多くは、育てられた環境に敏感で、共感され、肯定されて育てられた場合、むしろ親（養育者）との関係が良好になりやすいのです。そればかりか、その子の個性や感性が発揮され、その子の持つ能力や魅力が開花しやすいのです。

そのような意味で、ＨＳＣにとって、一人ひとりが尊重された環境の中で〝個性〟や〝自分らしさ〟が育てられること、親と、より深い親しみや温もりのある心のつながりを高めて愛着を安定させていくことが、「生まれてきて良かった」と思えるような、子ども自身が幸せを感じる気持ちに直接つながっていくものと考えられます。

●愛着関係の傷になり得ることとは

私たちの多くは、愛着関係について、あまり知識を持たないまま親になります。ＨＳＣは愛着関係の傷を抱えやすいとなると、どんなことが傷につながるのか知っておきたいもの。それらを知ることで予防にもなりますし、過去の傷が何によってつくられたのかがわかることで、回復の過程に寄り添いやすくなります。ここでは、愛着関係の傷になり得ること（〝見捨てられ不安〟の原因となったり、〝人との深い関わりを避ける生き方〟の原因になったりする可能性があること）について紹介します。

①子どもが幼い頃に、親から引き離されるという体験

愛着が形成されるもっとも重要な時期や子どもが親から離れることに不安を感じやすい時期（３歳頃まで）に、人に預けられる、習い事に通わせられるなど、無理やり親から引き離されるという体験をすると、それが傷となって残り、見捨てられることに対する不安の強い不安定な愛着を示すことがある。特に敏感で繊細な遺伝的気質を持つＨＳＣでは、その傾向が強いため、５歳頃までは慎重に対応する必要がある。

②条件つきのコントロール（いわゆる『条件つきの愛』『条件つきの承認』のこと）

親（兄・姉・先生などの深い関わりを持つ年長者の場合もある）の考えや都合に子どもが合わせれば、親は喜び、機嫌が良く、また反対に、親の考えや都合に子どもが合わせなければ親は喜ばず、不機嫌になる、あるいは、見捨てるような言葉（「もう知りません」「勝手にしなさい」など）を放ったり、見捨てるような態度（無言になる、無視、放置など）や、見捨てるような素振り（表情が曇る、顔がこわばる、言葉数が減る、悲しそうな顔をするなど）をするというもの。

また、親の基準に沿ったり、親の期待に応えたりする子は「良い子」と評価するが、そうでない子は「悪い子」とみなすというもの。

③下に弟または妹ができること

今まで得られていた愛情・注目・承認を、ほかの子に奪われるという体験。

④否定的で、不平等に育てられること

非難する。批判する。拒否する。きょうだいの誰かを優先・優遇する。「長男だから」「〇〇は成績が良いから」などと言って、ひいきすること。

⑤親が精神的に不安定な状態であること

親の情緒が不安定で、気分にムラがある。機嫌が良い時は可愛がり、そうでない時は、拒否したり、無視したり、関心や反応を示さなかったりすること。

⑥親が子どもの心を支配し、主体性（子どもが自分で考え判断し行動する力）を奪うこと

子どもの考えや気持ちを聞いたり、考えたりせず、親（兄・姉・先生などの深い関わりを持つ年長者の場合もある）が口出ししたり、親の価値観や理想・期待を子どもに押しつけたりすること（〝人との深い関わりを避ける生き方〟の原因になり得る）。

※②〜⑥においては、愛着の対象が親だけとは限らず、兄・姉などの身内の年長者になっていることもある。

⑦両親の仲が悪くなること

親の子どもへの関心や世話が、急になくなること。

⑧両親の離婚

MEMO

愛着関係の傷のひとつである〝見捨てられ不安〟を抱えていることを示すサイン

愛着関係の傷はどのようにして見極めることができるのか気になると思います。次のような行動や様子が見られたら、愛着関係の傷のひとつである〝見捨てられ不安〟を抱えているサインとして捉えてみるようにしましょう。

(1) 親の気を引くような行動・親を困らせるような行動が増えている。

(2) 親から拒否されること・関心を示されないことに敏感になっている。

(3) いつも親の顔色をうかがっている。

(4) 親のそばを離れないことが多い。

(5) 親が離れていきそうな気配を感じた時に、強い不安を示す。

(6) 親の姿が見えないと、激しく泣いてパニックになる。

※(4)〜(6)のいずれかが見られる場合は、特に強い不安となって尾を引いていることが考えられます。

●「自己否定感」や「トラウマ」を抱えやすいHSC

子どもは、それぞれ一人ひとり違った個性を持ち、それぞれに得意・不得意があります。中でもとても敏感で感受性が高い気質を持ったHSCは、細かいことに気がつき、ささいな刺激にも敏感に反応します。過剰に刺激や情報を受け止めるため、とても疲れやすいです。また、慎重で状況をよく観察してから行動します。

初めてのことや人、たくさんの人が集まる場所や騒がしいところが苦手という子が多く、環境の変化や状況の変化についていきづらいところがあります。

このようなHSCの生まれ持った気質である、「小さなことを気にする自分」「ちょっとしたことに敏感に反応する自分」「なかなか決断ができない、行動を起こすのに時間がかかる自分」を、もっとも大切な人から肯定的に受け止めてもらえるかどうかが、自分の気質をポジティブに捉えていくか、ネガティブに捉えていくかということについて、与える影響は大きいです。

親御さんや周りの大人が、その子の気質を知り、気質に合った育て方ができるかどうか。

さらには、子どもが自分の気質を知り、学びや職業など自分の気質に合った生き方を選べるかどうかは、HSCにとってその後の「生きやすさ」あるいは「生きづらさ」に影響を与えていくものと考えられます。

私たちは、進んで人と付き合ったり、行動したりする、〝外向性〟を理想とする価値観の中で生活しています。

しかしHSCは、集団に合わせることよりも、自分のペースで行動することを好んだり、ほかの子は問題なくできることに迷ったり、戸惑ったり、小さなことを気にしたりしがちです。

ですので、親御さんや周りの大人が、HSCについての理解がなければ、「もっと強い子に育ってほしい」「早く社会に適応してほしい」という思いから、苦手なことを克服させなければならないと考えてしまったりすると思うのです。

そのため、進んで人と付き合ったり、行動したりする〝外向性〟を基準とする考え方や感じ方を無理に求めてしまったり、

「みんなはできているのに、あなたはどうしてできないの？」

「そんなことといちいち気にしないの！」

「クヨクヨ考えすぎ！」

「イライラさせないで！」

「そんなことだと世の中渡っていけないよ！」


などの言葉で、気づかないうちに子どもの気質を否定してしまったり、心に傷を負わせてしまったりすることで、自分はダメなんだといった「自己否定感」や「トラウマ（心の傷のこと、心的外傷ともいう）」を抱えた多くのＨＳＣに影響が出ているというのが実情のようです。

ＨＳＣの気質を理解し、わが子（その子）の気質を肯定的に受け止め、親御さんや周りの大人たちがわが子（その子）に「それでいいよ」「そのままで大丈夫だよ」と言ってあげられるような心のゆとりを持って接していると、その子は失われていた自尊心を取り戻し始めるでしょう。

ＨＳＣの自尊心が養われる子育てのポイントとしては、「待つ」「見守る」「受け止める」「ゆずる」「尊重する」を意識した関わり方です。

アーロン博士は、このように言っています。

「ＨＳＣは周囲から、反応が強いとか、身体面でのストレスを受けやすい、内気、引っ込み思案、あるいは、抑うつや不安症に関する遺伝子を持っていると評価されることが多いのですが、これらのいずれの面も、例えば良質の子育てを受けるなど、よい環境に置かれた場合には、他の子よりもプラスに作用します」

（『ひといちばい敏感な子』エレイン・Ｎ・アーロン著／明橋大二訳／１万年堂出版　P.434より抜粋）

インタビュー❶～学校に行かない選択の安心材料を求めて～

梶谷真司先生

1966年、愛知県名古屋市生まれ。89年、京都大学文学部哲学科卒業。94年、京都大学大学院人間・環境学研究科修士課程修了。97年、京都大学大学院人間・環境学研究科博士後期課程修了。京都大学博士（人間・環境学）。現在、東京大学大学院総合文化研究科教授、共生のための国際哲学研究センター長。

著書に『シュミッツ現象学の根本問題：身体と感情からの思索』（京都大学芸術出版会）、『考えるとはどういうことか：0歳から100歳までの哲学入門』（幻冬舎新書）がある。

●子どもにとって必要な教育環境とは

斎藤）子どもが学校に行きたくなくなるのには「友だちと合わない」「勉強についていけない」「授業がつまらない」「先生と合わない」など、色々な要因が重なっていると思います。そのような環境において「学校に行きたくない」という感覚が生まれるのは自然なことのようにも感じているのですが、先生はどのようにお考えですか？

梶谷先生

学校はつまらないから行きたくないというのは、正常な感覚だと思います。授業が面白いから学校に行きたいという子は少数派だと思うんです。友だちがいるとか部活が楽しいとか、勉強以外の理由で学校に行く子が多い気がします。

でも、学校って一番多くの時間を割いているのは授業じゃないですか。授業がどうでもいいというような学校でいいはずがないわけです。授業がどうでもいいんだったら、ただの遊びの場にすればいいわけですよ。

でもやはり、現状は社会的にこれが良いとされるものをやりなさいとか、習い事でも「楽しいでしょ」って言われて、半ば強制されてやっていたりするように思います。

東大生に、

「君たちは嫌なことでも頑張ってやれる変わった子たちだよね」

とよく言うんですけど、それは、好きなことだけやって東大までこられるわけではないからです。

今も、東大にたくさん入れる学校がいい学校で、東大に子どもを入れると立派な親というような価値観が根強くあります。

だけどそれは、嫌いなことをいっぱいさせた学校であり親だったということでもあると思うんですよね。

中には何でもすぐできてしまうような、びっくりするくらい頭の良い子もいますけど、それは、ほんの数パーセントだと思います。

僕は時々学生たちをからかって、

「君たち、バカだと思われるくらいなら死んだほうがマシと思っているでしょ?」

と言うんです。それで反発してくると思っていたら、真顔で、

「先生、実はそうなんです。どうしたらいいですか?」

と涙目で訴えてくる子もいました。

ずっと成績優秀でい続けることで自分を守らなきゃいけないから苦しいんですよね。自分を守る術というのは、彼らにとって頭が良いということなんです。ほかに色々方法はあるのかもしれないし、そもそもそんなに守らなくてもいいのに、彼らにはそれが一番大事だから、とにかくそこを死守しないといけないのです。

だから、東大の子がいつも自信満々で、傷ついてないかと言うと、そうでもないんです。彼らは

もちろんある意味「勝ち組」なんだけど、今の世の中では、勝ち組ですら幸せではない。苦しんでいるんです。

学ぶって元来面白いことだと思うんです。だって自分が興味を持って、これをやりたいと思ったら、別に勉強ができない子でも、そういうことは熱心にやって、できるようになっていくじゃないですか。

だから、学校に行っていても、行けていなくても、子どもにとって必要なのは、子ども自身が興味を持ったことに夢中になれる環境と、それを周りの大人がサポートすることだと思います。

●学校に行かない選択で親が心配する子どもの将来

斎藤） 学校に行かない選択をしたら、親としては、子どもが将来職業につけるか？　お金に心配なく暮らしていけるか？　ということが一番心配なのではないかと思うのですが、そのような心配についてはどう思われますか？

梶谷先生） まず、「お金に困らない」というのがどういうことなのか、ですが、その感覚は一人ひとり違うと思います。

例えば、僕は結婚した時、大学院生で収入があまりなかったのですが、「大学院生だし、専攻は哲学だし、仕事あるの？」と、もともと思っていたのであまり気にしなかったです。

大学院生になるということは就職しないということです。定職につかずアルバイトなどをしながらの生活だったので、財布にはいつも少しのお金しか入っていなかったけど、苦しいとは思いませんでした。

親の理想や心配と、子ども自身の感覚や、望んで選ぶ生き方は、同じとは限らないんです。

しかし、子どもは親の反応を見て感じ方を決めていくので、親の影響は多かれ少なかれあるでしょう。例えば、親が心配性なら子どもも心配性になるかもしれません。

だから、子どもが学校に適応していなかったとしても、親が、

「まぁいいんじゃない」

って受け止めるのか、

「あなたそんなことで将来どうするの？」

と言って接するのでは、やっぱりその後の子どもはずいぶん変わってくるだろうと思うんですよね。

第2章

HSC と学校

●HSCのポジティブな面

ＨＳＣには、その気質ならではのポジティブな面がたくさんあります。「生まれ持った気質」や「感覚にフィットする環境・関わり方」が大切にされて育つことができると、そのポジティブな面が表に出やすいと言えます。

例えば、

・人の気持ちを鋭く察知したり、その場の空気を読み取ったりするなど、共感力や直感力に優れている。
・思いやりがあり、細かい気配りができる。
・自分が交流を深めたい相手を選び、その相手と深くつながって共感し合うことを好む。
・正直で誠実である。
・想像性豊かで、芸術性や創造性に優れている。
・好き嫌いがはっきりしている。
・感じる力（感受性）が強く、感性が鋭い。
・物事を深く考えたり、深く読み取ったりする。

・責任感が強い。
・面倒見がいい。
・平等で人権が尊重される平和や調和を大切にする。
・調和や秩序が保たれるためのルールを大切にする。

ところが、生活の場が、家から園や学校などの慣れない外の場所に移ることによって、その子のかけがえのない魅力や個性がかき消されてしまい、逆にネガティブな面が表に出てきてしまいやすくなるのです。

ＨＳＣを提唱したエレイン・Ｎ・アーロン博士は、著書『ひといちばい敏感な子』の中で、
・学校生活は、ＨＳＣにとっては負担が大きいこと
・学校環境は、ＨＳＣにとっては過酷であること
・学校という世界に入っていくのは、茨の道を歩くことを意味すること
・多くのＨＳＣが、学校は地獄だったと言っていること
について述べています。
（『ひといちばい敏感な子』エレイン・Ｎ・アーロン著／明橋大二訳／1万年堂出版　P.341、342、345より引用）

ＨＳＣに関わる周りの大人たちのＨＳＣに対する理解が深まり、その子が肯定的に受け止められていくことによって、その子が『自分が感じていることはこれでいいんだ』『このままの自分でいいんだ』という「自己肯定感」を肌で感じながら、その子らしく生きていけるようになることが望まれます。

●学校との相性を知るための、20のチェックリスト

では、いったい、学校の何がＨＳＣにとって負担であり、過酷であり、茨の道を歩くことになるのでしょうか。

親としてはとても気になるところですが、実は子どもも本人もその理由がわからず言葉にできないことも多くあります。

そこで、気質と学校との相性を知るためのチェックリストをつくりました。

学校に行けなくなるのはその子に原因があるのではないこと、自然な反応であること、その子にとって学校はとてもストレスフルな場所であることがイメージできるのではないでしょうか。

【学校との相性を知るための、20のチェックリスト】

子どもさんは、次のチェック項目にいくつ当てはまりますか？

□刺激を受けすぎて圧倒されたりすると、落ち着きがなくなる、話を聞けなくなる、物事がうまくできなくなるといった状態になりやすい。（どれか一つでもある）

□刺激を受けすぎると疲れやすい。神経が高ぶりすぎた時はなかなか寝つけない。（どちらか一つでもある）

□刺激が多すぎて不安を感じる状況や環境では、冷静さや自制心を失って、持っている本来の良さや力が発揮できなくなりやすい。

□人の集まる場所や騒がしいところが苦手である。

□大勢の前で発表をすることや、大勢の人と会話をすることが苦手なようである。（どちらか一つでもある）

□誰かの大声や、誰かが怒鳴る声を耳にしたり、誰かが叱られているシーンを目にしたりするだけでつらいようである。（どれか一つでもある）

□物事を始めたり、人の輪に加わったりする時など、行動を起こすのに時間がかかる。

□想定外のことや突発的な出来事に対してパニックになってしまうことがある。
□嫌だと思っても、なかなか「NO」が言えない。
□他人のネガティブな気持ちや感情の影響を受けやすい。例えば、他人の気分に影響されて、動揺したり、悲しくなって元気がなくなったりするなど。
□安心できない人に、急に話しかけられる、頭をなでられる、顔や体を触られる、抱きつかれることなどを嫌がる。（どれか一つでもある）
□子ども扱いする人や権威を示す人、権力をふりかざす人がとても苦手である。（どれか一つでもある）
□クラス替えで親友と離れなければならなくなって、すごく落ち込んでいたことがある。
□1対1で話をするのを好む。
□集団に合わせることよりも、自分のペースで思索・行動することを好む。
□観察される、評価される、急かされる、競争させられる、やりたくないことをやらされることなどをとても嫌う。（どれか一つでもある）
□人と比較して、自分が劣っていたり、うまくいかなかったりしたことで自信を失いがちである。
□ストレスに対する反応が学校と関連した状況で繰り返される。例えば、「落ち着きがなくなる」「固まる」「泣きやすくなる」「言葉遣いや態度が乱暴になる」「引きこもる」「便秘になる」「眠れない」「熱が出る」「吐きそうになる」「お腹が痛くなる」など。
（どれか一つでもある）

□ ちょっとしたことを気にしやすい。
□ 人のささいな言葉や態度に傷つきやすい。

これらは、HSCに見られやすい傾向です。
チェック項目に5～9コ該当するようでしたら、HSCにとって学校生活は負担になる（なっている）ことが予想（推測）されます。10コ以上該当するようでしたら、負担がかなり大きい（大きくなっている）ことが予想（推測）されます。

アーロン博士は、次のような言葉で、HSCのペースを大切にすることを強調しています。

「自分のペースで新しい環境に入っていけるようにしましょう。幼稚園、小学校、中学校でも、HSCが新しい環境に溶け込むには、何週間も、何ヵ月も、時には1年くらいかかることもあります。特に幼いうちは、人の輪に入りたがらない場合は焦らないようにしましょう。ただしばらく観察することが必要なのです。（中略）ＨＳＣは石橋をたたいて渡ります。安全と分かるまでは、リスクを取りたがりません。そしてその子たちにとっては、学校生活そのものがリスクの塊なのです」

（『ひといちばい敏感な子』エレイン・Ｎ・アーロン著／明橋大二訳／1万年堂出版　P.410〜411より抜粋）

しかし親御さんや周りの大人たちが、「ほかの子に遅れをとってはいけない」「おちこぼれてはいけない」「早く社会性を身につけて適応させなくては、自立させなくては」という考えに縛られていたら、子どもに対して否定的な言葉を浴びせたり、そうでなくてもその焦りが子どもに伝わったりします。

すると期待に応えられない子どもは、『どうして自分にはできないのだろう』、『どうして自分はほかの子と違うのだろう』という思いが強まって、「自己否定感」や「劣等感」を抱えてしまうことがあるのです。

それらを防ぐには、ＨＳＣの特徴の中でも学校に適応しにくい面について知っておくことが大切です。

そこで、「ＨＳＣに多い、学校に適応しにくい特徴」を17個にまとめました。【学校との相性を知るための、20のチェックリスト】と重複しますが、子どもさんに当てはまる項目をピックアップして、子どもさんの〝取扱説明書〟として活用していただくことも可能です。

●ＨＳＣに多い、学校に適応しにくい17の特徴

①刺激を受けすぎてそれに圧倒されると、落ち着きがなくなる、話を聞けなくなる、物事がうまくできなくなるといった状態になりやすいです。恥ずかしさや刺激が多すぎて不安を感じる状況や環境では、冷静さや自制心を失って、その子が持っている本来の良さや力が発揮できなくなるのです。

②人の集まる場所や騒がしいところが苦手です。誰かの大声や、誰かが怒鳴る声を耳にする、誰かが叱られているシーンを目にするだけでつらいと言います。

③物事を始める、人の輪に加わるなどの、行動を起こすことに時間がかかります。これは目の前の状況をじっくりと観察し、情報を深く処理（大丈夫かどうか確認）してから行動するためです。

④想定外のことや突発的な出来事に対してパニックになってしまうことがあります。
⑤嫌だと思っても、なかなか「ＮＯ」が言えません。支配的な人や、あなたのためになると言って受け入れさせるような関わり方をしてくる人には特にです。
⑥自分と他人との間を隔てる「境界」が薄いことが多く、他人のネガティブな気持ちや感情の影響を受けやすい傾向にあります。例えば、他人の気分に影響されて、動揺したり、悲しくなって元気がなくなったりするなど。
⑦安心できない人に、急に話しかけられる、頭をなでられる、顔や体を触られる、抱きつかれることなどを嫌がります。
⑧先生やクラスメイトがどのようであるかの影響は大きいです。相性が良くない場合は地獄などと言います。
⑨子ども扱いする人や権威を示す人、権力をふりかざす人がとても苦手です。
⑩親友がクラスの中に一人でもいると安心できますが、クラス替えで親友と離れなければならなくなったりすると、とても落ち込んだりします。
⑪１対１で話をするのを好みます。大勢の前で発表をすることや、大勢の人と会話をすることが苦手な傾向にあります。
⑫集団に合わせることよりも、自分のペースで思索・行動することを好みます。

⑬観察される、評価される、急かされる、競争させせられる、やりたくないことをやらされることなどを嫌う傾向にあります。
⑭外向型の子どもたち向けにつくられている学校で、求められることを苦手に感じることが多く、人と比較したり、うまくいかなかったりした場合に自信を失いがちです。
⑮自分の気質に合わないことに対して、ストレス反応（様々な形での行動や症状としての反応）が出やすい傾向にあります。例えば「落ち着きがなくなる」「固まる」「泣きやすい」「言葉遣いや態度が乱暴になる」「引きこもる」「便秘」「不眠」「発熱」「頭痛」「吐き気」「腹痛」「じんましん」など。
⑯細かいことに気がついたり、ささいな刺激に敏感に反応したり、過剰に刺激や情報を受け止めたりするため、学校での環境や人間関係から強い「ストレス」を感じてしまい、不適応を起こしやすいところがあります。
⑰人のささいな言葉や態度に傷つきやすく、小さな出来事でも「トラウマ」となりやすいところがあります。

これらの特徴への認識が、ＨＳＣに関わる大人たちに共有され、その子が慣れるまで、それぞれに合ったやり方やペースが尊重されると安心です。

一方で、学校生活はＨＳＣにとって、負担が大きく、苦労することがあることを親子ともに認識しておくことも大事です。

●ＨＳＣと不登校

大人は少なくとも自分で職場を選ぶことができます。

そしてどうしても嫌なら辞めて、ほかの職場に替えることができます。

ですが、今の学校教育システムの中では、子どもは自分に合っていると思う学校を選べません。

自分に合った先生も選べません。

これがやりたい、これについてもっと深く知りたいと思う科目も選べません。

選択肢がないのです。

子どもに備わっている特性は、認知、行動、情報処理、社会性などの面において多様です。しかし、日本では子どもの多様性よりも、みんなで同じことを学ぶ（行う）、という意識が強い傾向にあります。そのため、学校では、子どものそれぞれの特性に関係なく、画一的な内容と方法で教育が行われているというのが現状です。

それはある子どもにとっては適したものであっても、ある子どもにとっては適さないということも十分に起こり得ることなのです。

このことが、ＨＳＣたちの心の健康を奪い、人生に残念な影響を与えてしまっているのではないか。

そう実感していた私は、ＨＳＣという概念を知り、ますます「不登校」というネガティブな言葉の存在自体に疑問を感じるようになりました。

なぜなら、「ＨＳＣに多い、学校に適応しにくい17の特徴」に示したように、学校環境や現行の教育システムは、ＨＳＣの気質に合っていると言えるものではなく、それらに対して不適応を起こしても何ら不思議ではないからです。

ＨＳＣにとっての、「学校に行けないこと」「学校に行きたくないこと」というのは、

①気質に合わないことによる拒否反応である

②本来の気質が活かされないまま、本当はやりたくないことをやらされることが多く、自

分のペースで「自発的」に「主体性」をもって自分らしく生きることができなくなった
などの結果である
と考えることが大切です。

※そのほかにも、第1章で述べたように、「学校や幼稚園などへの不適応は、過去の愛着関係における傷が原因となっている」ということがあります。（50ページ参照）

特に②の場合は、「外向性に価値を置く社会性」や「その子にとっての過剰な適応能力」を求められた結果、「期待に応えようと頑張ってきたことに対する息切れ」や「集団のペースに合わせて生きることへの限界」を意味しているのではないかと私は考えるのです。

登校しなくなっていたＨＳＣの男の子が、以前、『学校に行くと、心が死ぬ』と言っていたのが印象的でした。

それは、ＨＳＣを「学校という枠組み」に当てはめさせようとすることから、「主体性」が押し潰されて、心が死んだようになってしまうということなのではないでしょうか。学校環境や教育システムに気質が合っていないから、そこに自分が存在する意味や生きている喜びが感じられなくなってくるのでしょう。そして、「なぜ自分は、この世に生まれてきたのだろう」と何度も何度も自問自答するようになっていくのだと思います。

子どもにとっての「学ぶ場」とは、「自由意志による選択」と「主体性」が保障された環境であってほしい。そして子どもにとっての「学び」とは、そのような環境で、その子の好奇心に基づいて「自発的」「主体的」に取り組まれ、自立心や独立心が養われていくものであってほしいと考えるのです。

「ＨＳＣに多い、学校に適応しにくい17の特徴」からもわかるように、学校生活への負担が大きくて学校に行くことができなくなったＨＳＣに対して、「学校に行けないこと、学校に行きたくないことは何も悪くないし、おかしいことではない。むしろあなたにとっては自然なことだと思うよ」と言ってあげたい。

そして、ＨＳＣという概念を知ったからこそ、学校以外の選択肢（フリースクールやホームスクールなど）を準備しておくことと、ＨＳＣの気質を活かす道を、時間をかけて子どもとともに探していくことがとても大切だと確信しています。

●不登校のHSCに何が起こっているか

HSCの不登校の多くは、人間関係を含めた学校環境や教育システムに、気質が合っていないことから起こっているものと考えています。
しかし、そこに「トラウマ」が絡んでいた場合、事態はより複雑化しています。

学校に行けなくなった子どもの心と体は、どのようになっているのでしょう?
ここでは、HSCに焦点を合わせて述べていきたいと思います。

外向性を重要視する学校という環境やその人間関係の中で、HSCは気質に合わないことによる多くのストレスと、その中で抱えざるを得なかった「自己否定感」「劣等感」「挫折感」「屈辱感」、また、「学校に行きたくないと言ったこと」「学校に行けなくなったこと」で親に迷惑をかけてしまったという「罪悪感」などによって、身も心も疲弊してしまっていることが多いのです。

繊細で傷つきやすいＨＳＣにとっては、虐待的な体験などの深刻なものだけでなく、小さな出来事でも「トラウマ」となって残っていることが多いようです。その時に湧き上がった怒りや悔しさ、あるいは恐怖や悲しみなどのネガティブな感情は、外に吐き出したり誰かに受け止めてもらったりすることなく、解消されずに、心の奥底に押し込められています。つまり、トラウマとは、消化されていない過去の記憶とも言えます。

それは、からかい・仲間外れ・無視などのいじめを受けたことによるものかもしれません。

また、学校で先生に当てられて答えられなかったとか、みんなの前で恥をかいたという体験が「トラウマ」となっているのかもしれません。それは傍から見るとどうってことのないことだったりするのです。

敏感な子は心の傷を抱えると、過剰に敏感（過敏）になって、さらに傷つきやすくなります。

敏感性が高いほど、その傾向が強く出ます。

つまり、一旦トラウマを抱えると、ささいなことにも過剰に反応するようになり、ストレスに対する抵抗力（ストレス耐性）が下がってしまいます。その結果、さらに傷つきやすくなって、トラウマを重ねていくという悪循環にはまってしまうのです。

そして、ストレスから逃れるために、〝解離*〟という防衛機制を無意識のうちに身につけていくことがあるのです。

＊解離…耐えきれないほどのストレスを受け、物理的に逃げ出すことができない時、意識が変容したり記憶が飛んだりすること。「ボーッとしている」「授業に参加してはいるけれど成績がかんばしくない」「忘れ物が増える」などで表れることが多い。

●登校を渋るようになった小学1年生の真希さんの例

HSCである小学1年生の真希（仮名）さんは、入学して1ヶ月ほど経った頃から、登校を渋るようになりました。

真希さんのお母さんは、仕事を休むわけにいかず、何とか説得して真希さんに学校へ行ってもらいました。

真希さんは、69ページの【学校との相性を知るための、20のチェックリスト】の多くに当てはまっていて、本人にとって学校生活は負担がかなり大きいものとなっていることが推測されました。

特に、通っている学校の厳しい規律や、先生の叱責、騒がしい空気・雰囲気などを苦痛に感じて行きたくないという気持ちが膨らんでいたのです。でも、その苦痛がお母さんに伝わらないことが真希さんを苦しめていました。

ある日、真希さんの張り詰めていた感情の蓋が取れ、抑えていた怒りや悲しみが一気に噴出したのです。「ホントは嫌！　ホントは行きたくない！　お母さんはわかってない！」

真希さんは泣き続けました。

一方で、カウンセリングを受けていた真希さんのお母さんは、あることに気がつきました。「本当は仕事に行きたくない」「本当は辞めたい」、そして「本当は、私も小さい頃、学校に行きたくないと思うことがあった」という心の中の本当の気持ちです。

真希さんのお母さんは、職場に迷惑をかけることになると葛藤しながらかなり考えた末、上司と向き合い、真希さんの現状と、今を大事にしてあげたいとの理由で辞職を受理してもらいました。

そして、ご主人や真希さんと話し合って、真希さんに学校を休ませることにしました。

「真希、大丈夫だよ。お母さんが先生になるから、学校を休んでも大丈夫、もう何も心配しなくていいよ」

そうは言ったものの、学校を欠席し始めて3日、4日と経つごとに、担任の先生や身内・世間の目、そして真希さんの勉強や社会性の遅れといった将来のことなどが気になり始め、不安と焦りが押し寄せてきました。

そして、1週間が経つ頃には、「やっぱりこのまま休ませ続けることはできない」という考えにお母さんの頭の中が占領されてしまいました。

小学校に上がったばかりの真希さんにとって、学校は、「行くのが普通で当たり前、行かないといけないから行くしかないところ」。

「行かない」「行きたくない」と言うことはいけないこと。お母さんががっかりするし、困ることだと肌で感じ取っていたのです。

つまり、７歳の真希さんにとって学校へ行くことは、お母さんを安心させるためのもの。角度を変えれば「お母さんからの承認を得るための通学」だったというわけです。

後からわかったのは、真希さんはお母さんの「自分のことより世間体を優先した言動」から「お母さんに見放された」と感じ取ったのだということでした。家庭に居場所を無くした真希さんは、普通に登校を始めたのです。

誰の目にも大丈夫そうに見えた真希さんの、絶望に蓋をした心の中はとても深刻な状態になっていました。

真希さんは、心ここにあらずの状態で、ボーッとしているようなことが、目に見えて多くなっていきました。

これは、〝解離〟と言われる、耐えきれないほどのストレスを受け続けた時に、現実から意識を切り離すことで、苦痛に耐えようとする無意識的な心の防衛反応です。

自分の気質に合わない環境に対する反応には、この解離のほかにも大きく分けて2つのことがあります。〝回避〟(学校への行き渋り、学校に行けなくて引きこもる)と、〝我慢しながら良い子として適応していくこと〟です。

その後、真希さんは、泣きやすい・怒りっぽい・赤ちゃん返りのように甘える、親を振り回すなどの情緒の不安定さを示すようになりました。そして再発した行き渋りから、学校への拒絶に改めて直面したのです。

つまり、一時は家庭や学校に居場所がない、逃げ場がないと感じたことで解離状態になった真希さんでしたが、行き渋る(回避)状態に変化したわけです。

お母さんは悩んだ末『学校を辞める』という覚悟を決めました。登校させようとすることから離れ、家庭で学習する〝ホームスクール〟という選択をしたのです。

決断の主な理由は、真希さんの(幼い頃からの)心のダメージの回復には十分な時間とケアが必要と考えられたこと、これまでの傷をこれ以上深くしないこと、そして何より真希さんにとってはその選択が最も適していると考えたからです。

こうして思い切って決断したお母さんでしたが、それでも度々罪悪感や不安に襲われました。

＊　＊　＊

子どもの不登校や行き渋りに直面した時、多くの親御さんは、真希さんのお母さんのように、「どうして学校へ行きたくないのか」よりも、「どうしたら学校へ行ってくれるか」のほうに意識が向けられます。それは、担任の先生や身内・世間の目、そして子どもさんの勉強や社会性の遅れといった将来のことなどが気になってしまうからです。

「ほかの子に遅れをとるのではないか」、「甘やかしている、しつけができていないと言われる」、「世間の目が気になる」などの恐れに親御さんが追い詰められると、子どもの気持ちや感情を受け止めきれなくなります。

何とか学校に行かせなくてはという焦りから、つい、子どもに圧力や恐怖を与えてしまうことで、子どもの心は傷を負ってしまいます。

実際に、ご自身の親や親族、世間の目や意見には厳しいものもあり、「学校へ行かせることが当たり前、子どものため」、「行かないのはわがままだ、甘えだ」などの価値観や正論の押しつけによって、親御さん（特にお母さん）や子どもさんが罪悪感や劣等感にさいなまれ、追い込まれているケースが非常に多いのです。

お母さんはそのようなプレッシャーの中で、不安・緊張状態にさらされている時、取るべき道はひとつしかないように感じてしまいがちです。

「学校へ行かせなければ…」と。

それによって、子どもの気持ちやペースに寄り添うことよりも、世間体や社会常識に合わせて物事が判断されることが当たり前となり、親御さんがそちらを優先させていくことはとても残念なことです。

しかし、大切なことは、私たち親が信じるべきなのは学校や身内や世間ではなく、目の前の子どもです。

ここで言う「信じる」とは、「この子はきっと学校でやっていける」という方向ではなく、「この子の〝生命《いのち》〟が『今の私が生きる場所は、学校ではない』と主張している」と感じるように、〝生命《いのち》の叫び声〟を信じるということです。

「お父さん・お母さんが信じてくれている」「お父さん・お母さんが守ってくれた」。その安心感は、子どもの自己価値や自己肯定感を育むとても尊いものなのです。

●「義務教育」の『義務』は、「子どもが学校に行く義務」ではない

「義務教育」という言葉からは、「子どもが学校に行く義務」というふうに解釈してしまいがちですが、「義務教育」の『義務』とは、子どもの学ぶ環境を用意することの義務が大人にあるという意味であって、子どもが学校に行かなければならないという義務ではないのです。

その点について、フリースクールの代表格である東京シューレ編の書籍『子どもは家庭でじゅうぶん育つ：不登校、ホームエデュケーションと出会う』（東京シューレ出版）では、弁護士さんによる解説として次のように述べられています。

「義務教育の『義務』は、子どもの学ぶ権利を保障するおとなの側の義務の意味であって、子どもが学校に行く義務ではありません。親の就学義務も、子どもの学ぶ権利を親として援助する義務であり、登校を強制することが子どもの心を傷つけるような場合に、むりやり学校へ行かせる義務ではありません」

（『子どもは家庭でじゅうぶん育つ：不登校、ホームエデュケーションと出会う』東京シューレ編／東京シューレ出版　P.47より抜粋）

「子どもの学ぶ権利は、学ぶ場と学習の方法を選択する自由を含んでいます。子どもにとって何が最善であるかを、親が子どもとともに考えて、選択すべきです」

（『子どもは家庭でじゅうぶん育つ：不登校、ホームエデュケーションと出会う』東京シューレ編／東京シューレ出版　P.51より抜粋）

●表に出ていない心の傷

学校に行けなくなったＨＳＣは、学校から離れて過ごすことで直接的なストレスから解放されます。そして、次第に落ち着いていき、以前のような笑顔も時折見られて、問題なく過ごしているかのようにも見受けられます。

しかし、表に出ていない学校で負った心の傷が、思いのほか深くなっていることが往々にしてあります。

心の傷を修復するためには、その過程で、つらい出来事にあったり体験をした際に湧き上がった怒りや悔しさ、恐怖、悲しみなどのネガティブな感情を、「怒鳴る」「わめく」「思いっきり泣く」といった方法で外に吐き出し解消することが必要になります。それによって、その時の出来事や体験が過去のものとなり、「時間とともに忘れていく」ことができるのです。

しかし、それらのネガティブな感情に対して、自ら外に吐き出す、誰かに受け止めてもらうなどの処置が施されなければ、解消することができずに心の奥底に押し込められ、心の中にトラウマを残してしまうのです。

トラウマを抱えた子どもは、再び嫌な思いをするのではないか、傷つくのではないか、恥をかくのではないか、何か失敗をするのではないか、などということに敏感になっています。そのような状態で、学校に行くことを試みても、子どもは行かなければいけないと思うほど体が動かなくなってしまいます。

学校に関すること以外の面では元気になっているのですが、心の中はモヤモヤしていて、今までずっと抑え込んできたもので一杯なのです。

中には、学校に行けないことで親に迷惑をかけているのではないかという後ろめたさなどもあって、過度に良い子として振る舞うケースも少なくありません。

トラウマ（愛着関係の傷を含む）を抱えたＨＳＣの多くは、ネガティブな感情を出さずに良い子として生きる習慣を身につけてしまっています。

ただ、そうしたケースでは、思春期・青年期以降、対人関係におけるストレスや何らかの挫折をきっかけに、不安障害やうつ、摂食障害や依存症などの問題、そのほか結婚後の夫婦間や子育てに関わる問題が表面化してくることも少なくないのです。

子どもの心の中に今起きていることが表に出されないままであることが、その後のわが子の人生に大きく影響してくることなど、私は心理カウンセラーとしての経験がなければ受け入れられなかったのではないだろうかと思っています。HSCの概念も含め、もっと早くに知れたら良かったという、親御さんやHSCだったご本人の思いも何度も耳にしてきました。

子どもの将来が「大丈夫」と言えるものになるよう、子どもの心の中に今起きていることを、まずは親が認知することが重要なのです。

●トラウマの後遺症（学校を離れても、起こり得ること）

では、トラウマは子どもにどんな影響を与えるのでしょうか？

心の傷が深い場合には、その時の出来事や体験が過去のものにならず、現在という時間の中で浮遊します。それがトラウマの後遺症として次のような症状で表れるのです。

神経の高ぶりが続くと、眠りが浅くなり、ささいな刺激にも過剰に反応するようになる、ささいな変化や新しい場所・人などに対して警戒心が強くなるなど、不安が高まるような状況を避けるようになります。

また、過去のつらかった出来事や体験が生々しくよみがえることが起きたり、そのような場面を夢の中で繰り返し見ることもあります。

日常の生活においても、物事や出来事に対してネガティブに捉えやすく、何かうまくいかないことがあるたびに気持ちが沈んだりします。

今以上に傷つかなくて済むように最悪の事態を考えるなど、物事を悪い方向にばかり考えることを防衛の策として身につけていることもあるのです。

また、過去のつらかった出来事や体験と同じような状況に置かれた時や、ネガティブな感情を心の奥に抑え込んでしまっていたような、過去と同じ関係性のパターンに出合った時、当時抑圧された感情や身体感覚が湧き出します。

その時と同じ緊張感・恐怖感・無力感や、窒息感・動悸などの症状で呼び起こされたり、あるいは頭痛などの身体の痛みや凝りなどの症状となって表れたりもします。

多くの感情が一気に湧き出てしまうと、パニック発作を引き起こすこともあります。

意識的、または無意識のうちに、ストレスやトラウマに関連した場所・人・場面など、不安を呼び起こすような状況を避けていることもあります。

ただし、このような症状を抱えていたとしても、周りの人に気づかれることは少なく、本人も自分の性格やものの考え方のせいで、そのようになっていると思い込んでいることが多いため、自らそのことについて口にすることはめったにありません。

これらはトラウマ体験の後遺症であるＰＴＳＤ（心的外傷後ストレス障害）に該当し、トラウマからの回復のためのケアまたはセラピーが必要になります。

愛着関係における傷を含む「トラウマ体験」や「ストレス」によって身につく習慣

トラウマによる影響はＰＴＳＤ（心的外傷後ストレス障害）の症状だけではありません。

ここでは、育った環境や人間関係、特に親との関係に適応していくために身につく習慣で、過去の愛着関係の傷やトラウマ体験・ストレスと関連性のあるものを挙げてみました。

過去の愛着関係の傷やトラウマ体験・ストレスとは、虐待やいじめ、家族との死別、親の離婚や喧嘩などだけでなく、幼い頃に人に預けられたこと、誰か（特に親）から否定的な言葉を投げかけられたこと・無視されたこと・拒否されたこと・見放されたこと、その人の都合や期待や価値観を押しつけられたこと、「条件つきの愛」でコントロールされたこと、ほかの子と比較されたこと、自分よりもほかのきょうだいがひいきされたことなど多くのことを含みます。

中でも、自身の性格や問題として扱われがちで、過去の愛着関係の傷やトラウマ・ストレスとはつなげられにくい習慣として考えられるものには次のようなものがあります。

□人から認められたいという思いが強い。
□自分のことを周りの人がどう思っているのかとても気になる。
□自分のことより、周りの人のことばかり考えてそちらを優先してしまう。
□人前で良い人・良い子であることを無意識にアピールしてしまう。
□過剰に適応しようとしてしまう。
□人の顔色・目つき・視線に敏感で、自分が嫌われていないか不安になる。
□拒否されるのではないか、見捨てられるのではないかという不安がある。
□嫌われる、相手が離れていく、仲間外れにされることを恐れて、自分の正直な気持ちが言えない。

□一人では不安だったり孤独を感じたりするので、いつも誰かと一緒にいることが多い。
□寂しさや孤独感と向き合うのを避けて、何かで紛らわそうとしたり誰かと関わろうとしたりすることが多い。
□怒りや悲しみなどの感情を表に出さない。
□自分の感情や本当の欲求がわからない。
□ネガティブ思考である。
□感情のコントロールができない時がある。
□過去の怒りや悲しみなどの感情が、子育てや対人関係（特に伴侶との間）で再現される。
□傷ついているのに何ともないフリをする。
□人と関わる時に警戒心が働いている。
□人から言われたことを、いつまでも気にしてしまう。
□相手の反応に怯えてしまう。
□自分以外、あるいは、伴侶や自分の子ども以外の人が、自分を脅かす存在となっている。

□人を信じることができない。
□人と関わる時に過度に緊張してしまう。
□相手の考えや感じ方・価値観と違うことを選ぶことへの罪悪感がある。
□自分のことが嫌い。
□自分に価値が見出せない。
□自信が持てない。
□何かあると自分のせいではないかと思う。
□完全主義傾向にある。
□いつも人よりも上にいたいために、勉強するなど何か努力していないと不安になる。
□自分の思いを通そうとする傾向やこだわりが強く、頑固である。

●回復に欠かせない『安心の基地』

トラウマからの回復の鍵を握るのは、安心して過ごすことができる『安心の基地』が確保されるかどうかです。

『安心の基地』とは、上下の関係や支配・押しつけ・拒否・無関心・無視・差別・暴力・喧嘩・口論などがなく、子どもの考えや感情が否定されずに共感的・肯定的に受け止められながら安心して過ごすことができる場所のこと。つまり子どもの安全が保障され、承認・共感・受容をもって関わられるという安心感と信頼感を備えている基地のことです。

今までのような、感情を抑圧せざるを得なかった環境から離れ、安心して自分の感情を感じ、自由に表現できるような安全・安心な環境に身を置いた時、脳（心）は回復の動きを始めます。

まず、脳（心）が安全を感じ取ると、感情への否認や感情の抑圧が解け、今まで閉じ込めてきたネガティブな感情を解放し始めます。

それは、今まで見ないように感じないように心の奥に押し込んできた、本来の自分の感情や欲求がよみがえってきたことを意味するとても重要な過程なのです。ですから、自分の心に従って判断し、行動していくための自由さを伸ばすことができる「育ち直しの時間」を十分に取る必要があるのです。

子どもによっては幼い頃に戻ったように、わがままを言う、思い通りにいかないことで癇癪を起こす・暴れるなどして、親を困らせるような言動が目立つことがあるかもしれません。また、逆に親に指示する、命令するなど、これまで我慢してきた分の反動が出るかもしれません。

幼い頃から登園・登校過程の様々な場面で体験してきた「不安で不安でいっぱいだったが何も言えなかったこと」「わかってもらえなかったこと」「傷ついて悲しくて仕方なくても甘えられなかったこと」など、子どもがずっと心に溜めてきたものを吐き出させること。

それは、心の傷を修復していくために必要な過程です。否定や拒絶をせずに、それらをしっかりと受け止め、言葉にできなかった痛みに寄り添えるかどうかがとても重要になります。

学校に行けなくなった子どもは、

「学校に行かなくてもちゃんと明るい将来はある」

「あなたは、今いる環境よりももっと、持って生まれた才能を開花させることができる別の選択肢を選んだ方が良い」

と語ってくれる存在に救われます。

目の前の環境や関係の中で、生きづらさや苦しみを抱えている子どもにとって、このように語ってくれる人の存在が必要であるのと同時に、「大丈夫」「心配ない」と思うことができる『安心の基地』を構築することがとても大切なのです。

【愛着関係の傷を含むトラウマからの回復に欠かせない3つのポイント】

①『安心の基地』を構築すること

②子どもがずっと心に溜めてきた思いや感情を吐き出そうとする時、それらを受け止め、子どもの心の痛みに寄り添ってあげること

③子どもの満たされていない心の飢え（空虚感・孤独感）を満たしていくこと（共感的に子どもの気持ちを汲み取り、子どもの反応や求めに応えようとする関わりが、特に重要である）

MEMO

『安心の基地』
〜愛着関係の傷を含むトラウマ。この後遺症を抱えた子の『安心の基地』になるための「〜しない」10項目〜

『安心の基地』とは、繰り返しになりますが、上下の関係や支配・押しつけ・拒否・無関心・無視・差別・暴力・喧嘩・口論などがなく、子どもの考えや感情が否定されずに共感的・肯定的に受け止められながら安心して過ごすことができる場所のこと。つまり子どもの安全が保障され、承認・共感・受容をもって関わられるという安心感と信頼感を備えている基地のことです。

特に、愛着関係の傷を含むトラウマの後遺症を抱えた子どもにとって『安心の基地』は非常に重要で、そこは、子どもの自己肯定感と主体性が削がれるようなことがない場所であるとも言えます。

〜子どもの自己肯定感と主体性を削がない『安心の基地』になるための「〜しない」10項目〜

①非難や批判、拒絶、否定、きょうだい間での（ほかの子との）比較をしない

例：「あなたにはガッカリした」
「そんな子はうちの子ではありません」
「あんたなんか産まなければよかった」
「そんな子に育てたおぼえはありません」
「もう知りません」
「勝手にしなさい」
「あんたは本当に親を困らせる子だね」
「お姉ちゃん（お兄ちゃん）なんだからもう言われなくてもわかるでしょ」

（次の言葉は、子どものペースより学校のペース・ほかの子のペースに合わせることが当たり

前になっている時や、子どもの気持ちよりも世間体や社会の常識が優先されている時に出やすい）

「みんなはできているのに、あなたはどうしてできないの？」

「そんなこといちいち気にしないの」

「クヨクヨ考えすぎ」

「そんなことぐらいで泣かないの」

「イライラさせないで」

「我慢しなさい」

「はっきりしなさい」

「グズグズしないの」

「そんなことだと世の中渡っていけないよ」

「そんなふうに怒ったら、人に嫌われるよ」

「わがまま言わないで」

など。

②指示（口出し）をしない
もしくは、必要最低限に抑える

その時も『私はこうしたいと思うけれど、あなたはどう思う？』というような「説明」と「合意」を行う。

③自分の価値観を押しつけない

自分の考えの枠に当てはめさせようとしない（特に、あなたのためになると言って受け入れさせるような関わり方には注意を要する）

④義務、役割を課さない

すべて子どもの「主体性」に任せる。

⑤思い込みで判断しない

「子どもはきっと○○してほしい（してほしくない）のだろう」などと親側が思い込むと、子どもは気持ちやニーズを言いづらく、心が詰まるので、子どもの発言や態度の裏に隠れた本音と向き合う。

⑥子どもがまるでそれを望んでいるかのように
コントロールしない

（例えば、親が望むような行動を取らない子どもに対して、がっかりした態度・悲しそうな表情・落ち込んだ素振りを示し、親が望むような行動を取る子どもに対して、機嫌が良い・大喜びするといった態度を繰り返していると、親の意向を敏感に感じ取る子どもは、親の意向に沿うような、または、親の期待に応えるような習慣が身についてしまう。このように習慣づけられた子どもは、まるでそれ（親の意向）を望んでいるかのような振る舞いをしやすくなる）

⑦むやみに根掘り葉掘り聞かない

（子どもが話したくないことを、心配だからという理由で引き出そうとすることがあるので要注意）

⑧子どもの口からネガティブな発言が出たとしても、反論をしない

⑨怒らない。叱らない。あるいは、怒る（叱る）ことをできる限りなくす

HSCには話して聞かせるだけで十分である。

⑩子どものニーズを確認せずして、助言やアドバイスをしない

『安心の基地』を構築することは、愛着を安定したものにするということでもあるのです。

愛着の安定は、オキシトシンの分泌を活性化します。

オキシトシンとは、脳の視床下部でつくられ、脳下垂体後葉から分泌されるホルモンで、一般に分娩・授乳や母性に関わるホルモンとして知られています。そのほかにも、対人関係を安定したものにしやすくし、ストレスや不安を抑え、傷つきやすさを和らげる働きを持つとも言われています。

参考文献：『愛着障害の克服：「愛着アプローチ」で、人は変われる』岡田尊司／著（光文社新書）

●学校に戻すことが解決ではない

トラウマを抱えた子は、過去のつらかった出来事や体験と同じような状況にまた置かれるのではないか、もしくは、人と接する時にまた傷つくのではないかと警戒し、過敏になっていて、いつも不安と恐れを心の中に抱えています。

また、トラウマを抱えた子をめぐる環境や関係が、その子にとっての安全・安心なものにならない限り、過去のトラウマ体験と同じような状況に置かれた時、当時のつらかったイメージや感情・感覚がよみがえるという現象が繰り返されます。

ですから、トラウマを抱えた子（特にＨＳＣ）を、「自分の気質に合わない環境」や「自分の気質に合わない関係性の相手がいるところ」に戻すことは、『百害あって一利なし』と言っても過言ではないのです。

私は、トラウマの影響を抱えたＨＳＣに対しては、これ以上傷を深めず、傷を回復させることが優先されるべきだと思っています。

繰り返しますが、感情を抑圧せざるを得なかった環境から離れ、安心して自分の感情を感じ、自由に表現できるような安全・安心な環境に身を置いた時、脳（心）は回復の動きを始めるのです。

その意味で、安全・安心な環境に身を置くということがとても重要なのです。

学校に行かなくても大丈夫なのか

友子さん（仮名）は、小学2年生の息子さんの行き渋りと不登校に直面し、とても悩みましたが、HSCという概念と出合い、「無理して学校に行かなくてもいい」という考えに至りました。

しかし、家族の中にはその考えに納得できない人がいました。息子さんには登校や勉強を促し、学校に行かせようとしない友子さんには、批判的な言葉が向けられました。

「結局仕事ができる人や、活躍している人は、だいたい学歴が高い。親は学校に行けるようにしてあげないといけない。甘やかしていては子どものためにならない。そもそも育て方が問題ではないのか…」

友子さんと同じ境遇、悩みを持った方が多くいらっしゃることにも驚かされます。不登校やＨＳＣに関する知識や訴えを聞いてもらうにはどうしたらいいかと頭を悩ませるお母さんがたくさんいらっしゃるのです。

誰もが行かなければいけないと思ってきた〝学校〟に、〝行けない〟状態になることは、子どもにとってもつらいこと。行っても行かなくてもつらいのです。

その後、休みを経て学校に行くようになるのか、それとも行かないままでいるのか、そのペースやそのことに対する判断も人それぞれでしょう。

その間、子どもに必要なのは、安全で安心な環境と、味方の存在、そしてつらかった、怖かった、寂しかった気持ちを吐き出せて、受け止めてもらえる存在です。

多くの場合、お母さんが子どもの行き渋りや不登校に対応しているのが実情です。お母さん自身、とても不安だったり負担がかかったりしますので、お母さんにこそ安全で安心な環境と味方の存在が必要なのです。

本当に子どものペースに寄り添っていて大丈夫なのか

登校できなくなっている子・行き渋っている子を目の前にして、「子どもの気質やペースに寄り添っていて大丈夫なのだろうか？」という心配が頭をもたげてきます。その場合、次のような考えや、誰かの声に縛られていないかどうか、確認していただけたらと思います。

「子どもを甘えさせることは、子どもを弱くし、自立を遅らせてしまう」
「ほかの子に遅れをとってはいけない」
「おちこぼれてはいけない」
「学校に行かなかったら将来苦労する」
「早く社会性を身につけて適応させなくては、自立させなくては」

これらの考えに縛られていると、子どもの気質やペースに寄り添うことができなくなるばかりでなく、子どもの中で自然に湧き上がった欲求や感情、そして主体性までもが押し潰されていくことになりかねません。

まず大人の側が、自分自身を縛っている考えについて自覚し、その考えから解放されていくことがとても大切です。

登校を嫌がるＨＳＣの場合、『学校に行かなくてもちゃんと明るい将来はある』と言えるような、その子にとって生きやすい道筋をつくっていくことが、明るい将来につながっていくのだと考えています。

ただし、その中身は、大人の価値観に基づくものや、既存のレールに当てはめるものではなく、その子の気質に合ったものであるということです。

なぜなら、親と子どもは持って生まれた個性は異なります。気質が違うこともあるからです。

それぞれが求める幸せの中身も異なっていたりするわけですが、子どもは自分が求める幸せがあったとしても、それを言葉で人に伝える力がまだ育っていないのです。

また私には、一定数のＨＳＣにとっては、学校に行かない選択をするよりも学校に行かせることのほうがマイナスの影響が大きいのではないかという実感があります。

ＨＳＣが、ほかの生徒からの心への侵入を受けやすい、いじめの標的になりやすい、負の感情をもらいやすい、あるいは先生の意向に沿わなければ否定的な評価をされるなど、学校という環境や関係性の中で受けがちなストレスやトラウマによって、その後も生きづらさや対人関係での困難さを抱えているという現実を、カウンセリング（セラピー）を通して多くの方々から見聞きしてきたからです。

中でも注意が必要なのは、＊ストレス性の症状や行動が出ていたり、愛着関係における傷を含むトラウマによる影響が出ていたりするにもかかわらず、周りの大人たちがそれらをストレスやトラウマによるものと深刻に捉えず、学校に戻ることを前提とした働きかけがなされているケースです。

学校に行かなくても大丈夫と思えるには、親（大人）がその子とともに、時間をかけて、その子の気質に合ったものを探していくかどうかが鍵になります。

＊　ストレス性の症状・行動
症状……「便秘になる」「眠れない」「熱が出る」「吐きそうになる、または、吐く」「お腹が痛くなる」「尿の回数が

増える」など。

行動……「落ち着きがなくなる」「固まる」「泣きやすくなる」「言葉遣いや態度が乱暴になる」「大声を出す」「ものに当たる」「引きこもる」など。

無力である子ども時代に「自己否定感」や「トラウマ」をつくるか、つくらないかということは、その子にとって、その後の人生にまで影響を及ぼしていくものと考えられます。だからこそ、その予防に力を入れ、「自己否定感」や「トラウマ」を子どもに抱えさせないための知識を得ることがもっとも重要だと考えるのです。

―学校における「自己否定感」や「トラウマ」の要因―

①他者による支配・侵入と主体性の侵害（干渉、価値観の押しつけなど）
②いじめ（からかい・悪口・仲間外れ・無視・物隠しなどを含む）を受ける
③人前で恥をかく・かかされる、否定的な評価を受ける
などがあります。

●トラウマ予防に力を注ぐ

ＨＳＣは生きづらさを抱えやすいと言われます。

例えば、次のようなことが考えられます。

・生まれ持った気質が現在身を置いている環境に合っていないため、ストレスになっている、疲れやすく生きづらく感じている。

・もともと傷つきやすい・ストレスを感じやすい傾向にあるＨＳＣが、トラウマを抱えたことで、警戒心が強くなり過剰に敏感（過敏）になっている。そして、感じ方や刺激に対する反応、ストレス耐性や物事の受け止め方などの変化によって、それが対人関係にまで影響し、生きづらさを増している。

前者であれば、その環境から離れ、自分に合った環境を選択していくことが望まれますが、後者も重なっていれば、それに加え、早めにトラウマに対するケアを施す必要性が出てくると思われます。

しかし、その判断は一般的にはなかなかつきにくいものです。トラウマを抱えていても放置されているケースがほとんどです。

だからこそトラウマ予防に力を入れ、トラウマを抱えないための知識を得ることがもっとも重要だと考えます。

アーロン博士は、その点について次のように語っています。

「誰でもいえることですが、不安は不安を生みます。私たちは、新しい状況に出合った時はいつも、脳内にある評価システムによって、怖いと感じるべきかどうかを決定します。もし、その時すでにストレスホルモンが流れていたり、過去、特に幼い頃に、怖い経験があったりすると、より不安を感じやすくなります。

不安があまりにも長く続くと、「過興奮性」を持つようになります。そうすると、特に今、怖いことがなくても、恐れが不安という形になって出てきます。そして、何か経験するたびにつきまとうようになるのです。

このような不安は、克服するのがとても大変です。恐れを予防しておくほうが、それも子どもの時のほうが、ずっと簡単です」

（『ひといちばい敏感な子』エレイン・N・アーロン著／明橋大二訳／1万年堂出版　P.284より抜粋）

アーロン博士はこうも言っています。

「さまざまな調査で、不幸な子ども時代を送ったＨＳＰは、同じく不幸な子ども時代を送った非ＨＳＰに比べ、落ち込み、不安、内向的になりやすい傾向がありました。でも、じゅうぶんによい子ども時代を送ったＨＳＣは、非ＨＳＣと同様、いやそれ以上に幸せに生活しているのです。ＨＳＣはそうでない子よりも、よい子育てや指導から多くのものを得ることができるということです。

ＨＳＰは子ども時代の影響を大きく受けています。私が本書を書いた大きな理由はそこにあります。大人になってから過去の傷を癒やそうとするよりも、子ども時代に問題を防ぐほうがはるかに簡単です」

（『ひといちばい敏感な子』エレイン・Ｎ・アーロン著／明橋大二訳／1万年堂出版　P.433より抜粋）

生命《いのち》を生かすために必要な知識が得られると、見える世界が変わり、世界が広がっていくことがあります。

見える世界が変わり広がっていくことで、今まで自分が持っていた概念になかった生き方や新しい道が多様に存在することに気づくかもしれません。

同じように私たちは、ＨＳＣという概念と出合ったことによって、生命《いのち》を生かすために必要な知識を得る機会を得ました。

そこには、学校以外の選択肢という、〝今まで持っていた概念になかった生き方や新しい道〟の存在を知ることも含まれます。

トラウマを抱えたHSCにおいては特に、子どもが抱えたつらさや苦しみとしっかり向き合うことで、真剣に「HSCの気質を活かす道」「学校以外の環境や家庭環境で生きる喜び」を、時間をかけてその子とともに探していくことになるかもしれません。

それは遠回りのようで、実は希望が持てるもの。子どもの明るい将来への最善の選択とも言えるのではないでしょうか。

インタビュー❷〜学校に行かない選択の安心材料を求めて〜

Dr.ゆうすけさん

メンタルヘルスがライフワークの内科医。

身近な人の「死にたい」「生きにくい」と触れあって感じたものをことばにするのが好き。

ニンテンドーのゲーム「スプラトゥーン2」をこよなく愛するガチゲーマーでもあり、前線武器である「パブロ=ヒュー」「スプラマニューバーベッチュー」を愛用。総プレイ時間1500時間以上でウデマエはS+3。好きな言葉は「勇者とは、勇敢な者のことではなく、人に勇気を与える者のことだ」。

Twitterのフォロワー数は1・8万を超える。noteでは、マガジン「月刊 自己肯定感」を発行。

その生きづらさに寄り添う発信は、人々の共感を呼び、励まされる、楽になる、救われるという方が大変多い。

●子どもが不登校になった時に親としてできること・コミュニティに頼ったほうがいいこと

斎藤）
気質がとても敏感で繊細な子を人に預けることが、愛着関係の傷となり、分離不安をなおさら強くして、二次的な不登校につながっているケースがあります。その心の傷を癒して回復するための過程として、親御さんに一緒にいてもらうことがすごく大事になってくる子がいると思うのですが、そのことについてどう思われますか？

Dr. ゆうすけさん

この書籍の読者対象というのは、子どものために何とかしたいんだけどどうしたらいいかわからないという、子どもの気持ちに寄り添いたいと思っている親御さんということですよね。

親の都合で子どもの自然なものの感じ方をねじ曲げさせるのではなく、ただ一緒に過ごすということや、「関心を向けているよ」というメッセージを与えることは、子どもの自己肯定感にとって重要なことだと思います。ですから「行きたくなければ、無理に学校に行かなくていいよ」という態度はものすごく大事だと思います。

一方で、親と子、１対１の関係だけですとお互いへの依存性がすごく高まって、行き詰まってしまいがちになるので、親にも子にも、複数の依存先が必要なんじゃないかと思いますね。

不登校の場合、普通の学校教育に依存するよりはるかにコストがかかる選択をしているので、その環境が破綻するリスクが大きいですからね。自分一人が勉強を教えようということではなく、そこにコミュニティの力が必要になってくるのではないかなと思うんですよね。

●オンライン上の子どもの居場所

斎藤）

コミュニティには、地域の公的なもの、民間のもの、ママ友グループ、SNS、アプリなど、色々あると思います。おっしゃるように、親だけでなく子どもにも依存先（居場所）があるといいですよね。ただ身近にそのような場がない地方もあると思います。私はオンライン上のコミュニティをつくりたいのですが、親も子も一緒に参加するコミュニティという理想については、ご経験上どう思われますか？

Dr. ゆうすりさん）

これはとても個人的な感想なのですが、子どもが入るコミュニティをつくるとなった場合、子どもの中にすでにある文脈、例えば「スプラトゥーン」のようなゲーム（オンラインでつながって一緒にプレイできる）やコンテンツが核になってもいいのではないかと思っています。

大人と子どもが交流を持つためには、まず共通言語を持つことがとても大事なので、そのきっかけづくりとして、子どもが魅力的と感じる文脈を活用することが有効だと考えています。

●ＨＳＣという概念に対する印象やこれからの可能性について

斎藤〉

ＨＳＣという概念に対する印象やこれからの可能性についてお考えをお聞かせいただけますか？

Dr. ゆうすけさん〉

僕は医師なので、「病名」や「概念」などによって、今の苦しみに輪郭が与えられるということに意味があると思っています。

自分の生きづらさとか、いま不適応を起こしている原因が何なのかわからないことは、ものすごくつらいんですね。自分がうまくいかないのにはこういう理由があったのだと理解できたり、今後起こりうる不都合が予測できたりするというのは、基本的にはすごく救われることだなと思っています。もちろん、診断を押しつけることは暴力的なので、そうならないように気をつけていますが、実際に診察室で「あなたはもしかしたらＨＳＰかもしれません」ということを伝えると、「救われた」「楽になった」とおっしゃる方が多いです。

だから、そういう意味でＨＳＣやＨＳＰというのが概念として広まっていくのはとてもいいことだと思っているんです。

ＨＳＣという概念が広まっていって市民権を得ていくことによって、これまで知られていなかった生きづらさが周囲の人にも理解されるということをすごくポジティブに捉えています。

ＨＳＣやＨＳＰがいいのは、概念の中にポジティブな側面があるというところ。ガンダムでいう「ニュータイプ」ですよね。

普通の人以上に他人が出すシグナルに敏感に反応できるというのは、人の「痛み」がわかりやすいという優しさにも通じますからね。

その繊細性を活かしたコミュニケーションは、それを持たない人には真似しにくいところだと思います。

敏感な人ならではの社会との接し方を通して、その繊細性が「おもてなし」や提供するサービスに活かせる長所となる。そういう意味でも本当に色々な人がＨＳＣやＨＳＰを知っていってくれればいいと思いますね。

第3章

不登校でも大丈夫！
（子どもの幸せを願う専門家とお母さんの座談会）

「学校がつらいと感じているHSC」「HSCの気持ちに寄り添いたいと考えている親御さん」の役に立つお話を届けたい。力強く将来への一歩を踏み出すための力になりたい。そんな想いを込め、2019年１月25日、スペシャルゲストをお招きし、座談会を開催しました。

スペシャルゲストは、HSCの第一人者であり精神科医の明橋大二先生、不登校新聞の石井志昂編集長、元小学校校長の中田慶一先生の３名です。また、HSCの不登校や行き渋りに悩んでいるお母さん方にも参加していただきました。お母さんのリアルな悩みに対して、ゲストの方からアドバイスをいただくという形の座談会です。

富山、東京、山梨、兵庫、沖縄と遠く離れた場所に住む参加者がWEB会議システムでつながり行われました。オンライン上で全員が顔を合わせることができ、夢のような座談会が実現しました。

登壇者自己紹介

精神科医
明橋大二先生
富山

「富山県で精神科・心療内科の医師をしています。子どもたちの不登校や、心身症を診る中で、人一倍敏感な子がいるということを感じていました。その時に、HSC という言葉と出会って、ぜひこれは日本にも紹介したいと思って、最初にエレイン・N・アーロンさんの本『The Highly Sensitive Child』を翻訳しました。本当に驚くくらい、色々なところから反響がありました。これから皆さんと一緒に、この HSC という言葉を広めていけたらいいなと思っています」

不登校新聞
石井志昂編集長
東京

「不登校新聞社の編集長をしております。私自身、中学２年生から不登校をしておりまして、その後フリースクールなどにも通い19歳から『不登校新聞』という新聞社で働かせていただいております。主な仕事内容は、不登校の当事者、親、識者への取材で、それを17年間続けさせてもらっています。HSC に関しては、まさに明橋先生の本を読んで知り、これは不登校の子にものすごく多い話だなということで、その後取材をさせていただいたという経緯があります」

元小学校校長
中田慶一先生
山梨

「小学校と中学校での勤務経験があります。学校現場で色々な子ども達と対話をする中で、子ども達から学ぶことが沢山ありました。

HSC については、娘家族の子育てを通して知りました。学校との関わりで悩んでいる親御さんが多いと聞きましたので、私の経験がお役に立てばと思っています。HSC という言葉が広まることで、親御さんや教師が安心して子どもたちに寄り添えるようになること、子ども達が自分らしく輝ける世の中になることを願っています」

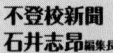

司会
斎藤暁子

沖縄

「司会を務めさせていただきます。沖縄県で心理カウンセラーをしております。学校に行かない選択をしている小3でHSCの息子の母です。HSCの中でも特に「学校がつらい」と感じる子、不登校に至る子どもさんと親御さんにとっての安心材料となるお話をお伺いしたく思っております。親子の“今”と“将来”に明るい希望が持てる座談会の様子を書籍に掲載したいという私どもの想いを受け止めていただき、大変お忙しい中ご出席くださいまして本当にありがとうございます」

和美さん

富山

「富山県に住んでいます。小1の男の子が登校渋りをしていて、HSCなのではないかなと思っています。学校でお友だちに「何で来ないの？」とか「何が嫌なの？」とさりげなく聞かれることに、本人たちが正しく答えられないというのが気がかりです。周りのみんなに「集団の中に入る時に入りづらいとか、不安になってしまうことなどで休むのは無理のないことなんだよ」ということを理解してもらいたいなと思って書籍制作チームに参加しました」

マナさん

兵庫

「兵庫県に住んでおります。10歳の小学4年生の息子と、6歳の幼稚園の年長の娘がいます。昨年秋から小4の息子が不登校になったことをきっかけに、HSCという概念と出会いました。HSCを知ったことで、これまで理解できなかった息子の行動への疑問が解けた気がしました。娘もHSCの特徴が見受けられます。兄妹でも、HSCの特徴のうちの顕著なものが異なり、それぞれに合った対応が必要だと実感しています。学校と連携するため、HSCについてどのように伝えたらいいか、伝え方を模索中です」

●座談会のテーマ

座談会のテーマは、次の３つです。

①**【ＨＳＣにとっての学校とは？】**

――ＨＳＣにとって、どうすれば学校は「つらい」「行きたくない」場所ではなくなるのか？　要望はどこまで伝えられる？

②**【不登校で、将来は大丈夫？】**

――「学校に行かなくていい」「好きなことだけすればいい」という意見は魅力的だけれど、将来自立できるのか？　最終的に収入を得られるようになる？

③**【ＨＳＣの認知を広めるためには？】**

――小学校をはじめとする教育機関に、「ＨＳＣ」の存在を広く知ってもらうためには、どうすればいい？

①【HSCにとっての学校とは？】
――HSCにとって、どうすれば学校は「つらい」「行きたくない」場所ではなくなるのか？　要望はどこまで伝えられる？

和美　小学校1年生の息子の行き渋りは入学式の翌々日から始まりました。息子があまりに嫌がるので、支援学級に籍を移してもらいました。私と一緒であれば教室に入れるようになりましたが、息子は今も毎日登校を嫌がっています。無理のない範囲でプリントや活動をして、1時間目だけで帰る日もあります。

担任の先生をはじめ、スクールカウンセラー、小児科、支援学級の先生方も、「登校できるだけで十分」とスモールステップを応援してくださっています。サポート態勢は手厚いのですが、なぜ息子の登校渋りはなくならないのでしょうか。

●学校に「行く／行かない」の判断基準

明橋医師　確かに和美さんのお子さんが通われている小学校は、本人に合った環境を用意しようと配慮されている点では、比較的手厚いという印象を受けます。それでもやはり、ＨＳＣの特性として登校渋りになってしまうことがあるんですね。**集団の中に入りづらいとか、不安な気持ちになってしまう**といった特性ですね。

マナ　私の息子の話もさせていただきますね。小学４年生の息子は、腹痛が出て学校を休んでいたのですが、息子自身が「学校に行きたい」と言うので行かせてみたことがあったんです。でも、やっぱり腹痛が出てしまった。

その時、息子は、「気持ちは行きたいけれど体がいうことをきかない。心が壊れる」と言ったんですね。こういう時はどうしてあげたら良いのでしょうか。休ませて楽にしてあげたほうがいいのか、背中を押してあげたほうがいいのか。体に症状が出ていると、すごく迷ってしまうんです。

明橋医師　子どもが「学校に行きたくない」と言った時、親として最初に背中を押すことはよくあることですし、仕方のないことだと思います。

「行かなきゃならない。行きたい。だけどお腹が痛い」。そういうせめぎ合いの中で、子どもも親も、悩みながら過ごす。そうこうしている中で、**最終的には、やっぱり体の症状が決めていく**のだと思います。本当に無理なことであるならば、続けていると本当に行けなくなるんですよ。例えば、トイレから出られなくなったり。お腹が痛そうだから親の判断で休ませるということもちろんあると思いますが、私は行けている分には行かせていいんじゃないかと思います。無理をしていれば、症状がだんだんひどくなります。平行線、あるいはちょっとずつ軽くなっていくのであれば学校に行ってもいいのではないかと。私の判断基準はそのあたりですね。

石井編集長　そうですね。子どもの笑顔が消えていったり、元気がなくなったりした時は、**「一旦ここで休みましょう」と、親自身がドクターストップをかけていい。学校に行ったり、行かなかったりという揺れる時期を、親と一緒に過ごす**というのはありえる道かなと思います。

中田校長　私も、あまり無理をさせるのは良くないと思います。子どものことを一番知っているのは家族、特に母親なので、**母親がその子のプロという気持ちを持っていい**と思います。だから、「ちょっと背中を押してもいいかな」と、「まあ無理しない方がいいかな」のさじ加減は、その子の一番のプロである親の判断が、かなり合っているのではないかと感じます。

それから親も、「学校に行かせなきゃ」と思いすぎるとつらいですね。**学校は行って当然のものだという考えにとらわれず、もうちょっと気楽でいい**かな、とも思っています。

●学校がどんな場になってほしいか?

斎藤 HSCのお子さんを持つお母さんとして、学校にはどんな場になってほしいと思いますか?

和美 はい。うちの子が学校に行き渋る理由の一つが授業の雰囲気です。単に読み書きが苦手というのではなくて、ピリピリした雰囲気が苦手のようです。例えば授業の内容がわからない子が嫌がったり、ほかのことをしたりして授業を止めてしまうと、「あなたのせいで進めなくなっちゃう」みたいな空気になってしまうんですね。先生には、1年生の1学期までに学習をここまで進めなければいけないというのがやはりあるようで。その空気がもうピリピリしていて、つらいみたいなんです。

ですから、親としてはそういう空気をなくしてあげたいと思うんです。**「できない子は、ここまでやらなきゃいけないという基準を外していい」とか「テストに強い抵抗がある子は受けないでいい」といった対応は可能なのでしょうか？**

ポイント　まずは、希望や思いを学校に伝えてみよう

中田校長　はい。可能だと思います。結論から言うと、全く問題ないと思いますね。

今の学校には学習指導要領というのがあって、学年ごとにやるべきことが決まっています。それが全国どこでもできるというのが、日本の教育制度なんですよね。良いところでもあるんですが、学習内容が子どもたち一人ひとりに合っているかどうかといったら、それは違うんです。

ですから、**その子のペースで、発達に合わせて、ちょっと頑張れる範囲の学習をしていくことが大事**だと思います。私たち教師も、その子の成長に合った学習をしていきたいと思っているのですが、まあ、当然制約もあるわけですね。
ただ、方法は色々考えられると思います。ですからぜひ親御さんのそういった希望や思いは学校に伝えてほしいと思いますね。

明橋医師　校長先生に、そういうふうに言っていただけるとすごく心強いですよね。

和美　安心しました。ただ、たくさんの子どもがいて、先生が一人で対応しているのを見ていると、「あ、これ言っても絶対無理だな」って思っちゃうんです。例えば、そこにもう一人支援員の先生が入るとか、もう少し先生の数を増やしていただけると、担任の先生の気持ちのゆとりも生まれるのかな、というのがあるんですけど……。

中田校長　その通りなんですよ（笑）。本当にその通りなんです。

一同　（笑）

中田校長　ですから、国がもっとお金を出してくれて、人を配置してくれると嬉しいんですけれどね。でも、校長の判断で、このクラスに支援員の先生をつけましょうとか、教育委員会の方に要請しましょうということも色々できるので、とにかく親の思いは伝えた方がいいと思います。すべて希望通りに実現させることは難しいかもしれませんが、何も変わらないということはないと思います。学校と保護者の方が一緒になって、市や県あるいは国に要望するという活動も、地域によってはあると思います。そんな動きが広がっていったらいいなと思いますね。

●意見や要望を出す際に「診断書」は必要？

明橋医師　学校の先生に要望を出す際に、診断書を求められるケースがあります。やっぱり学校という場所では「配慮をするときにそういう物がないと動けません」と言われることがあります。

ＨＳＣって本来は病名ではないですし、診断すべきものでもないのですけれど、私もやむを得ず、学校を動かすためにＨＳＣという診断書を書いて渡すこともあるんです。

本当はそんなことをしなくても、ＨＳＣというだけで「わかりました」となる世の中になっていくといいなと思いますね。

斎藤　中田先生、診断書が必要かどうかは、学校によって違うんでしょうか?

中田校長　要望の内容によって変わってきます。特別支援学級[*1]への入級希望がある場合には、医師の診断書やWISC[*2]という知能検査が必要だったりします。しかし、普通学級で子どもへの配慮を希望するという場合には診断書は必要ないと思います。

今は「合理的配慮[*3]」という言葉が使われるようになってきて、すごく柔軟な判断ができるようになっています。決まりは決まりとしてあるんだけれども、「合理的配慮」として、その子にとって何が良いかを判断して、柔軟に制度を適用するということも多くなっていると思います。

斎藤　では、支援員の先生を一人つけてほしいという要望を出しても良いし、もしかしたらその際に診断書がなくても大丈夫な場合もあるということですか?

中田校長　そうですね。そういった場合もあると思います。

明橋医師　さきほど「合理的配慮」という言葉が出ましたね。「差別禁止法[*4]」というのができたことによって「合理的配慮」というのが求められるようになったんです。

これは学校だけではなくて、世の中全部の、色々な多様性のある人が普通に当たり前に暮らせるようにしていこうということでできた法律なんです。学校でも「合理的配慮」ということで、ＡＤＨＤ[*5]の子が教室にいる時には、気が散るから黒板の横に掲示物を貼らないとかね、そういうふうなことが少しずつ進んでいます。この**「合理的配慮」という言葉はキーワードなので、ＨＳＣの親御さんもぜひ知っておかれたらいいんじゃないか**と思いますね。

中田校長　そうですね。私もよく使う言葉です。「この子にとってはそれがいいだろう」と判断すれば、「合理的な配慮」として対応します。

石井編集長　少し話が変わるかもしれないのですが、当事者からすると、学校に希望や思いを伝えて対応してもらうことって、労力がかかることだと思うんです。学校に特別な対応をしてもらえなくても、**家が過ごしやすければ、それは安心する材料**になり得ます。家が落ち着けるってとっても強い武器だと思うんですね。

よくあるケースで、家が学校よりもつらくなってしまうこともあります。それはお母さんや、おじいちゃん、おばあちゃんたちが、学校にいる時よりもうるさく責めてくる場合です。大人が子どもの一挙手一投足を見て「あ、今起きたんだ。もう9時だよ」とか、「ドリル1ページもやってない」と思っていると、口に出さなかったとしても、子どもはものすごく、そのピリピリとした雰囲気を感じ取るんです。「あー、だから今日の夕ご飯のおかずがしょっぱいんだな」とか、そこまで子どもは考えているわけなんですよ。

でも、そういう状態が無くなると、本当に家でもゆっくり休めますし、その子なりの時間を送れると思います。

斎藤　そうですね、おうちが休息の場になると安心ですね。学校に行けていない間はもちろん、学校に行っている子にとっても、おうちが休息の場になってほしいと思うんです。でも、例えば宿題が本当に嫌だっていう子もいて、宿題のために親子がぶつかってしまうという問題がとっても多いんですよね。

宿題を無理強いしたくないという場合は、先生方はどのように対応なさっているのでしょうか？

中田校長　ケースによると思います。本当に、その子その子によって違うと思うんですけど、**ＨＳＣの子どもに関して言うと、絶対に無理をさせなくて大丈夫**って思いますね。宿題ってそんなに大きな問題じゃないですよ。

一同　（笑）

斎藤　そうなんですよね。「宿題をやってなーい」ってパニックになるお子さんもいたりとか。

中田校長　そういうのも、ぜひ先生に相談してほしいですね。ＨＳＣの子どもに強引に、どうしても「宿題をやってきなさい」という先生は少ないのではないでしょうか。私自身も、宿題をしたくなければしなくて構わないと思っていますしね。ただ、好きなことに夢中になるのは大事なことです。好きなことや好きな勉強があったら、夢中になってやってほしいなって思います。

斎藤　ありがとうございます。こういう校長先生がいらっしゃるということを、合理的配慮」というキーワードと共に、この本に掲載させていただきますね。

石井編集長　本当にそうですよね。「宿題をやらなかったから立たされた」とか、「宿題をやらなかったら、うちのクラスにそんな子はいないと言われた」とか、そういう話を最近多く聞くようになった感じさえあります。ですので、中田先生の話は、本当に「その通りだ」と思いながら聞いていました。

●「学校の存在意義に疑問を持つ一方で、友だちとは離れたくない」という子どもの気持ち

マナ　あの、息子の気持ちにどう寄り添うかということで、ちょっと悩みがあるんですが…。息子は、「学校は、せっかくたくさんの人が集まっているところだから、それぞれ楽しいと思うことをやって、楽しい思いや時間を共有したりしたい。でもそれができない。みんなが学校に必ず行かなきゃいけないと思っている理由がよくわからない」って言ったんですよね。

それを聞いて、たとえ学校に要望を伝えて対応していただいたとしても、本人が学校

の存在意義に疑問を持っている状態では、また、いつか疲れ果てちゃうんじゃないかなって。私は、「それだったらほかの道で、自分がやりたいことをやれる仲間を見つけたらいいんじゃない」と言ったんです。でも本人は「今の学校の友だちとは離れたくない」と。

また、私は「学校に行かなくても将来真っ暗じゃないよ」と伝えているつもりなんですが、私がいくら言っても、経験者の話でないと納得できない部分もあるようです。不登校を経験している方の経験談もありますが、中高生向けが多くて。小学生にもわかるようなものを見つけられていないのですが、何かいい方法がないものでしょうか？

石井編集長　ちょっと宣伝になってしまうのですが、**不登校新聞の「私の不登校ものがたり」はいかがでしょうか。おそらくＨＳＣで小学1年生から不登校だった、りゃこさんという方が描いている漫画です。当時、小学校や家の中で感じていたことを描いている**んですね。それは、小学生の方に読んでもらっても大丈夫かと思います。

一方で、マナさんが話されたお子さんの気持ち、私はすごくよくわかる気がします。私も不登校当時、同じことを言っていました。「学校自体に疑問が残る。一方で学校の友だちは切りたくない」と。それで、私が結局どうなったのかと言うと、学校の友だちとは距離を置いていくことになりました。学校の友だちと何度も会うんですが、すごくピリピリしていることに気づいたんです。学校のことも話題に出ますし、自分が行けていないこともなんとなくバツが悪くて、徐々に引いていった感じです。

息子さんの場合も、今、色々学んでいるんでしょうね。行きたいと思っても、腹痛が出て行けないということを通して、**「自分のNGサインはどこかを知る」ことを学んでいる。**多分、不登校の当事者で集まったら、「それが一番大事な学びだよね」って話すと思うんです。30歳になって初めて、自分のNGサインが「ご飯が口に入らなくなること」だと知った人もいます。「自分が本当に無理なくやれているのか？ そこを測るリトマス紙にしている」と言っていました。そういう意味で言うと、息子さんは今、とっても大事なことを学んでいる時期なのかなと思います。

それに、**学校自体を疑問に思うって、ちょっと壮大ですよね。一方で、「でも友だちとは離れたくない」と思っている。その友だちとどう続くのか、これは人間関係の学びなので、彼はとっても大事なことを学んでいるんじゃないかな**と思いました。

マナ　ありがとうございます。

②【不登校で、将来は大丈夫？】
——「学校に行かなくていい」「好きなことだけすればいい」という意見は魅力的だけれど、将来自立できるのか？　最終的に収入を得られるようになる？

明橋医師　文部科学省の委託で、社会学者の森田洋司さんが、不登校の追跡調査[*6]というものをやっています。中学3年生の時点で、完全不登校だった子どもの5年後を調べたところ、最初の調査では約77％が、2回目の調査では約82％が、仕事をしているかあるいは学校に行っていることがわかりました。つまり、「不登校のその後」を見てみると、**少なくとも8割の子どもたちが、普通に学校に行っていたり、仕事をしていたりする**ってことなんですよね。

よく、「学校にも行けない者が、社会に出られるはずがない」と言う人がいますけれども、実際、社会学的な調査によれば、ほとんどの子どもがちゃんと成長しているし、それなりに収入も得ているんです。こういうデータ自体を知らずに、不登校になったらそのまま人生終わりじゃないかみたいに言っている人が多くいますが、決してそうではないんです。

先ほど、マナさんが、今、お子さんは将来のために学校に行かなければならないと思っていると言っていましたけれども、**今、学校に行かなくても、将来的にきちんと仕事につくことはできるんだよ**と、ぜひお子さんに言ってもらいたいと思いますね。

ポイント どんな状態でも「自分らしさ」が尊重されていれば大丈夫

石井編集長 先ほどの不登校の追跡調査のようなデータを見た時に、そうは言っても本当に大丈夫だろうか？　と不安に思うことがあると思います。ですから、具体的でリアルな情報をぜひ知ってもらいたいのです。フリースクールの東京シューレが、OB・OG[*7]100人インタビューというのをWEB上に出しています。

ここでは、様々な年齢、職業の人が登場して、不登校の自分のその後を語っているんですね。ただ、道はみんなストレートではないです。もう15歳頃から、フリーターでバリバリ働き始めて会社員になった人もいれば、20代半ばを過ぎてから大学に入って新聞記者になった人もいます。**ひとつひとつ読むと、本当に人それぞれの生き方、学び方があるということを疑似体験できます。将来への道筋が見える**と思います。

それから、ずっと不登校の取材をしてきて、**将来自分で収入を得られるかどうかは、自分が育ってきた中で、今までダメージをどれだけ受けてきたかによる**と感じています。本当に小さい頃から自分のことを否定され続けてきた人は、収入を得られるかどうかの前に、かなりの不安を抱えていて、自分が自分でいられない状態になっています。ですので、少しお金を稼ぐこともできますが、かなり不安な状態、危険な状態という人が、多かったですね。

でも、例えば、**学校や家の中で、あるいは、学校と家との中間で揺れながらでも、自分なりの思いを大事にされていた人や、「どういう状態でも、あなたらしいところを支えるよ」と言ってもらえた人は、学校に行っていようが行っていまいが、自分の道を見つけて生活している**なと思っています。

中田校長　自己肯定感がすごく低くなっていなければ、学校に行っても行っていなくても、将来も心配なくやっていけると思いますね。

自己肯定感を高めるために一番効果的な言葉は「ありがとう」です。「ありがとう」という言葉を伝えることによって、子どもは自分が必要とされているという価値を感じます。「ありがとう」を、ぜひシャワーのように投げかけてあげてほしいです。それから、人への信頼感を高めてほしいと思っています。そのためには「大丈夫」という言葉が効果的だと思います。

斎藤　そうですね、「大丈夫」という言葉はやっぱりとても大事だと思います。

明橋医師　実は、**学校ほど周囲と同じであることが求められる場所はない**と思っています。実際に**社会に出た後のほうがもっと多様だし、色々な生き方や働き方があるん**ですよね。最近はインターネットを使って在宅で仕事をするという選択肢もあります。ユーチューバーみたいに自宅にいながら稼いでいる人もいるわけです。

大事なことは、中田先生もおっしゃったように自己肯定感を損なわないこと。**ＨＳＣに限らず色々な自分の特性に自信を持って、自分を否定せずに生きていける環境さえあれば心配ない**と私は思っています。

斎藤　ありがとうございます。とても、勇気がもらえますね。

③【ＨＳＣの認知を広めるためには？】
――小学校をはじめとする教育機関に、「ＨＳＣ」の存在を広く知ってもらうためには、どうすればいい？

斎藤　中田先生は、「ＨＳＣ」についてご存じでしたか？

中田校長　いいえ、私は今までＨＳＣを知りませんでした。ただ、学校にはＨＳＣに限らず、色々な特性を持った子がいます。現場の先生たちも、生徒一人ひとりが違う特性を持っているという意識を持ち始めているように感じます。

ですから、保護者の方から、できるだけ子どもの特性について話をしてもらうことが必要です。情報を共有し合い、どのような対応が可能か、どのような対応が効果的かを一緒に模索していく中で、ＨＳＣという言葉も広がっていくのではないかと思います。

斎藤　そうですね。先ほど明橋先生がおっしゃった、「ＨＳＣの特性を理解して対応すれば、すべての子にとって過ごしやすい、安心できる環境になる」という認識をぜひ、「HSC」という名称とともに、学校に知っていただきたいですね。そのためには、どんな方法が有効でしょうか？

ポイント　「我が子の取扱説明書」をつくるのも、ひとつの手

明橋医師　実は、『ひといちばい敏感な子』というHSCの本の著者であるエレイン・N・アーロンさん自身も、学校の先生にHSCの特性を理解してもらうことはとても大事だと語っています。ですから、本の最後（407ページ）で「学校の先生のための20のヒント」をあえて書かれているんですよね。

私自身もその考えに賛同しています。手前味噌ではありますが、『**HSCの子育てハッピーアドバイス**』**という本の最後に「先生の理解のための10項目」を漫画つきでまとめています。私は、そのページをコピーして学校の先生に渡していただいてもいいと**思っています。出版社の了解を得ていますし、別に著作権は問いませんので（笑）。

先生方も、子どもたちの特性や対応の仕方を知りたいのではないでしょうか。**「我が子の取扱説明書」のような何かわかりやすいものをつくって、伝えてみるのもいいかも**

しれません。

斎藤　**ＨＳＣを育てている親御さん自ら、我が子について丁寧に説明する。ＨＳＣについて学校と相談しながらＨＳＣを広めていくのも、一つの方法**ではありますね。

明橋医師　**ＨＳＣについて悩んでいる当事者、あるいは親御さんに、どんどん広めていってもらいたいですね。**ＨＳＣは気質であって病気ではありません。親御さんは素人だからと説明したり広めたりすることを遠慮される必要はないんですよ。中田先生がおっしゃっていたように、ＨＳＣについては、**子育てしている親御さんが一番のプロ**なわけですから、ぜひ伝えていってもらいたいと思いますね。

斎藤　では、石井編集長にもお伺いします。これまで「不登校新聞」で不登校に関わる情報をずっと発信し続けてこられたご経験から、ＨＳＣの認知の広まり方、広め方についてお考えはございますか？

石井編集長　私が不登校新聞を始めてから、発達障害や鬱《うつ》など色々なワードが取り沙汰されてきましたが、ＨＳＣに関しては、急速に認知が広まっていると感じています。数年前に明橋先生の本が出て、それを読むまで、私もＨＳＣを知らなかったんです。不登校新聞の記事で本を紹介すると、「私もＨＳＣだった」という人から連絡がきました。強烈な反響がありました。明橋先生のインタビュー記事は、今まで私が取り扱った記事の中でもとりわけ読まれています。

不登校新聞の記事を見たＡＥＲＡのＷＥＢ版の編集者さんから、「ぜひ、うちでもＨＳＣについて書いてください」と依頼があったほどです。**今まさに、ＨＳＣの共感の輪が広がってるなと感じています。**

ここがＨＳＣの特徴的なところだと思うんですが、「やっと自分のつらさの原因がわかった」「私はこうやって、自分のことを取り扱えばいいんだ」と、当事者自身が共感して好意的に受け止めながら広がっているのです。これまでは、新しい用語が知られるようになると、「それはレッテル貼りだ」「いやいや、本人を理解するためのツールでしょう」と議論が巻き起こることが常だったわけですが、ここまで当事者に**好意的に受け止められる気質も少ない**なと思います。この先には「ロールモデルをつくる時代」がきっとききます。「私の家庭ではこうしている」**「私の教室ではこんな取り組みをしてい**

る」というＨＳＣのロールモデルがひとつひとつ積み重なって、新しい社会ができていくのだと思います。

斎藤　どのお話もとても心に響きました。こんなにワクワクしながら座談会が進められるなんて、とても感動しています。本当にありがとうございました。

《座談会に参加された感想》

明橋医師　座談会が開かれることを楽しみにしていました。ＨＳＣはまだ十分には知られていませんが、その一方で問題意識を共有し、一緒に普通に、ＨＳＣについて語れる仲間がいるということが本当に嬉しいですね。ぜひ、これからもっともっとこの輪が広がってくれたらいいなと思います。そういう意味でも、最初に声をあげられた斎藤さんに、本当に感謝しています。

石井編集長　私は、何よりもこの形（ＷＥＢ会議システムを使った座談会）に感動してしまいました。ファシリテーターが沖縄、校長先生が山梨で、明橋先生は富山、私は東京と、日本をつなぐ仕組みで勉強になりました。この手法はぜひ、不登校新聞でも活用しようと思います。読者が勇気を得られる本になるのではないかと思います。

中田校長　もしも、ＨＳＣの子どもを中心に、こういうＷＥＢ会議システムを使った座談会みたいなものができたら、「色々なところに仲間がいる」「世の中には色々な子がいる」とお互いに知ることができ、つながりが生まれて面白いことになるんじゃないかなと思いますね。

ＨＳＣの子はね、敏感なだけに何かに優れています。ですから、敏感な部分をハンデと考えるよりも武器と考えて、好きなことや得意なことを思い切りさせてほしいと思いますね。きっとね、将来、ものすごく面白いことになると思いますよ。

《座談会を終えて》

「母親は我が子の子育てのプロなのだから、自分の直感を信じていい！」「ＨＳＣの子が新しい社会をつくっていく！」。そのような言葉をはじめとし、ＨＳＣそしてＨＳＣを育てる親に寄り添った温かいアドバイスをたくさんいただけたことに勇気づけられ、感動のうちに座談会は終了しました。

「どんな場所にいても、こうしてインターネットでつながれる！」。この発見も座談会で得た大きな収穫の一つです。

今回は、ＨＳＣに関連する現場の第一線で活躍し、それぞれ発信力を持っていらっしゃる専門家の方にお集まりいただきました。また、母親たちを交えてＨＳＣについて話し合うことができました。その様子を書籍で紹介することによって、「個々の力が結集し、社会の変化につながっていく」イメージを少しでも持っていただけたとしたら本望です。ＨＳＣの親子一人ひとりの勇気と希望につながりますように。

【用語の説明】

＊1　特別支援学級＝障害の種別ごとの少人数学級で、障害のある子ども一人ひとりに応じた教育を行う。（小学校・中学校）対象：知的障害、肢体不自由、病弱・身体虚弱、弱視、難聴、言語障害、情緒障害〔文部科学省　パンフレット「特別支援教育」より〕

＊2　ＷＩＳＣ（ウィスク）知能検査＝現在の日本において最も児童向けに使われる知能検査である。Wechsler Intelligence Scale for Children の頭文字をとった名称。ウェクスラーという心理学者が１９３８年に刊行した知能検査を起源としている。時代と共に知能検査の改定が行われている。〔発達障害あんちょこＨＰを参考〕

＊３　合理的配慮＝２０１６年（平成28年）４月から施行された「障害者差別解消法」（正式名称は、「障害を理由とする差別の解消の推進に関する法律」）により、障害のある人に対して求められる配慮のこと。障害がある人もない人も互いに、その人らしさを認め合いながら共に生きる社会の実現へ向けて、障害がある人から、社会の中にあるバリアを取り除くために何らかの対応を必要としているとの意思が伝えられた時に、負担が重すぎない範囲で対応すること、または、対応に努めることを求められているもの。〔内閣府リーフレット「『合理的配慮』を知っていますか？」を参考〕

＊４　差別禁止法＝２０１６年（平成28年）４月に施行された「障害者差別解消法」（正式名称は、「障害を理由とする差別の解消の推進に関する法律」）のこと。

＊５　ＡＤＨＤ＝Attention-Deficit Hyperactivity Disorder の略。日本語では、「注意欠如・多動症」などと訳される。「忘れ物が多い」「課題が間に合わない」「うっかりミスが多い」などの「不注意症状」と、「じっとしていられない」「落ち着かない」「待つのが苦手」などの「多動性・衝動性症状」がみられる神経発達症の一つと考えられている。〔公益社団法人　日本精神神経学会ＨＰを参考〕

＊６　不登校の追跡調査

■「不登校に関する実態調査」

～平成18年度不登校生徒に関する追跡調査報告書～（概要版）

http://www.mext.go.jp/a_menu/shotou/seitoshidou/1349956.htm

明橋医師が指摘した部分の記述
20歳現在の就学・就業状況
就業のみ34・５％、就学のみ27・８％、就学・就業19・６％、非就学・非就業18・１％
◎進路の状況を見ると、
前回の調査（※平成13年に文部科学省において、平成５年度の不登校生徒への追跡調査を実施しており、一部比較できるような調査となっている）と比較して、不登校経験者の高校進学率が大幅に増加（85・１％↑65・３％）するとともに、高校中退率も大幅に下がっており（14・０％↑37・９％）、不登校経験にかかわらず、勉強が続けられるようになっている状況を見ることができる。
さらに、大学・短大・高専へ就学している割合も大幅に向上（22・８％↑８・５％）している一方、就学も就業もしていない割合は減少（18・１％↑22・８％）している。

〔文部科学省ＨＰより抜粋〕

＊７　ＯＢ・ＯＧ１００人インタビュー
■シューレで育ったＯＢ・ＯＧたち
http://archive.tokyoshure.jp/30th100/

第4章

事例集：HSCを育てる母たちの“決断”と“選択”

第4章では、今まさにHSCの子育てをされている方々のエピソードを紹介します。「娘さんの登園渋りに悩み、会社を辞めることを決断したあゆみさん」、「不登校に反対する祖父母を説得し、ホームスクールを選んださとこさん」、「子どもに合った居場所を見つけることに奮闘したマミさん」、「10年間の葛藤を経て、何気ない日常の幸せを大切にする子育てにたどり着いたゆきさん」。登場するのはHSCの専門家でも、TVや雑誌で紹介されるような有名人でもありません。この本を手に取ってくださったあなたの周りにもいる、いたって“普通のお母さん”です。

この章では、そんなお母さん方が、どのようにわが子の気質に気づき、どんな葛藤や決断を経て、子どもの明るい未来のための力強い一歩を踏み出しているのか、具体的なエピソードを交えて紹介します。インタビュアーを務めたのは、HSC書籍制作プロジェクトのメンバーです。一般論に終わらない、それぞれの物語の一片を知ることで、HSCの子育てについて思いをめぐらせるきっかけになれば嬉しく思います。なお、登場される方のお名前は一部仮名を使用しています。

Case.1

娘さんの登園渋りをきっかけに、自分の素直な気持ちに向き合った母

「赤ちゃんの頃から、疳の虫の強い子だなぁとは思っていたんです」と語るのは、保育園に通う5歳の娘さんを育てている、あゆみさん。ただ、はじめての子育てだったこともあり、癇癪持ちでよく泣くのも、ママと肌をピッタリ合わせて1時間以上抱っこしないと眠れないのも、「子育てって、そういうものなのかな」と感じていただけと言います。

「もしかして、娘はほかの子とちょっと違うのかもしれない」と思い始めたのは、保育園に通うようになってから。あゆみさんが一番悩まされたのは、娘さんの登園渋りでした。

平日の朝、自分で起きられない。寝室からリビングに移動するのもママの抱っこ。食事も着替えも、靴を履くのも、自分でやろうとしない。自転車に乗せようとすると大暴れし、なかば強引に座らせなければならない。やっとのことで保育園に着いた後も、先生を見るやいなや、この世の終わりのように泣く。先生に引きはがされ、大暴れし、「行かないで！」と追いかけてくる毎日。壮絶な日々でした。

当初は「保育園に慣れるまでの辛抱だ」と楽観的に考えていたあゆみさんも、2歳、3歳、4歳になっても変わらない登園渋りに参ってしまいます。「こんなつらい毎日、いつま

で続くの？」「私はいったい何がしたいのだろう？」と涙する日も少なくありませんでした。

そんな日々の中、わらにもすがる思いで助けを求めたのが、市の発達相談窓口。ただ、娘さんの様子を見た心理士さんが伝えてくれたのは、「発達障害ではない」という見立てでした。そして、「娘さんは、色々なことを敏感に感じ取るタイプで、人よりストレスや不安が大きいのかもしれませんね」という言葉。

心理士さんとの会話を通じて、「娘の気質についてもっと知りたい」という思いにかられたあゆみさんは、〝敏感＋子ども〟などのワードでインターネット検索をします。そしてたどり着いたのが、「ＨＳＣ」について書かれたブログでした。

娘さんがＨＳＣの可能性が高いことを知り、あゆみさんは「これでやっと娘を助けてあげられる！」と感じたと言います。

ただ、ＨＳＣを知るだけでは事態は好転しませんでした。「ＨＳＣの気質について学び、娘に対してどんな対応をするのが望ましいかについて知識を得た。ただ、頭ではわかっていても、すぐにイライラしてしまう自分がいました。なぜ、上手く対応できないんだろうと自問自答する日々でした…」。

娘さんに向き合っていくために、まずは自分の心を整えることが大切と考えたあゆみさんは、ＨＳＣに対する理解が深いカウンセラーに話を聞いてもらうことにします。自分自身の幼少期を振り返る中で、「私も、保育園に行くのは嫌だった。でも頑張って通っていた。自分は嫌でも通っていたのに、娘はなんで頑張ってくれないんだろう」という気持ちが心の奥底にあったことに気づくのです。心のしこりをなかったことにするのではなく、認めてあげることで、ようやく、あゆみさんの心の霧が晴れていきました。

自分の心に向き合う大切さを知ったあゆみさんは、もう一度自分に問い直します。「私は、どうしたいの？」と。

「娘が保育園に行きたくないって言う時は〝いいよ〟って言って、そばにいてあげたい」。
「仕事のことを気にせず、一緒に遊びたい」。
「娘が寝ている深夜に、家に持ち帰った仕事をするのをやめて、娘の寝息を聞きながら一緒に寝たい」。

どれも、あゆみさんの素直な気持ちでした。心から湧き上がってきた素直な気持ちを大事にしたい――そう思ってあゆみさんは、10年勤めた大手企業を辞める決心をします。退職に迷いがなかったかと問われれば、もちろん葛藤はありました。でも会社を続けることで得られるものよりも、辞めることで得られるもののほうが勝っていると考えた末の決断でした。

「ただ、やはり中途半端なまま仕事を辞めたら後悔するかもしれないという思いもありました。自分自身を納得させるためにも、社内MVPの受賞を目指すことに。退職を意識した半年前から全力を尽くし、その後、幸運にもMVPを受賞できました。その瞬間、自分でも驚くほどスッキリした気持ちになり、もうこれでいいかなっと、ふんぎりがつきました」。

会社を辞めた後、あゆみさんと娘さんが一緒に過ごす時間が大きく変化したわけではありませんでした。娘さんは保育園に通い、あゆみさんは日中に在宅でできる仕事を始めます。

ただ、娘さんの変化は大きなものでした。長年悩まされていた登園渋りがなくなったのです。娘さんは毎朝、自分で起きて支度をします。保育園への送迎時も「ママ、行ってくるね！」と笑顔でバイバイしてくれます。嘘のような、拍子抜けしてしまうような、大きな変化でした。帰宅後も「ママ、あのね～」と話しかけてくれることが増えたと言います。

「なんでもっと早く会社を辞めなかったんだろうと思うくらい、毎日が充実しています。会社を辞めるって、失うものがすごく大きいと思っていました。もちろん大きな決断ではあるのですが、でも、いざ手放してみると、想像していたよりもずっと大したことではなかったと気づけたんです。何かを手放すことで、反対に新しく舞い込んでくるものもあります。これまで出会わなかった人との縁が生まれたり、新しいことにチャレンジできたり。

〝子どものために〟という理由だけで決断せずに、〝自分はどうしたいのか〟という視点を持てたのが良かったのかもしれません。自分の意志を持って決めれば、どんな未来がきても大丈夫だと思えますから」――最後にそう伝えてくれたあゆみさんの笑顔は、すがすがしく、家族と一緒に力強く歩んでいく未来への希望に溢れていました。

Case.2 息子さんの不登校に反対する祖父母を説得し、ホームスクールを選んだ母

「学校に行けたらいいな、行ってくれたらいいな。そういう気持ちは、もうまったくあ

りません。今は、〝家が居場所なんだ〟と思っているので」――そう語るのは、学校には行かずにホームスクールを選んだ現在小学3年生の息子さんを育てているさとこさん。

息子さんが学校に行かなくなり、お休みする必要性を感じ始めた当初は、さとこさんの親御さんからの反対や、ご自身を責める気持ちで泣いて過ごすこともあったと言います。息子さんの不登校を受け入れ、現在の選択をするまでの気持ちの変化をたどりながら、さとこさんの子育てについて伺いました。

小学校入学当初は、元気に登校しているように見えた息子さん。翌日持っていく物も自分で準備するほどで、さとこさんの手を煩わせることはありませんでした。

「今思えば、息子はすごく努力していたのかもしれません。保育園の友だちとは学区が異なる小学校に入学したので、ふとした時に〝保育園のお友だちがいる小学校に行きたかった〟と言われたこともありました。本人としては、友だちがいる学校に行きたかったという思いを抱えながらも、入学した学校になじもうと頑張っていたんだと思います」。

その後は友だちもでき、順調に過ごしているように見えた息子さんでしたが、1年生の冬頃から行き渋りが始まります。

はじめは遅れて登校することが続き、2年生の5月からパタッと学校に行けなくなりました。何か特別なきっかけがあったわけではありません。ただ、電池の容量が徐々に減っていき、5月の時点でバッテリー切れを起こした、そんな印象を受けました。

ある日、布団から出てこられなくなった息子さんの姿を見て、さとこさんは「もう限界だ」と思ったと言います。

さとこさんは必死で原因を探しました。どうしていいかわからない。「なんでだろう、なんでだろう」という思いが頭の中をぐるぐる駆けめぐります。「息子はこんなに頑張っていたのに、苦しんでいたのに、どうしてもっと早く気づいてあげられなかったのだろう」と自分を責めて泣く日々が続きました。

そんなさとこさんに追い打ちをかけたのは、さとこさんのご両親からの「行かせなさい」という働きかけでした。

元教員であるさとこさんのお父様は、息子さんが不登校になった当初、「孫が学校に行かない」という状況を受け入れられなかったのです。「学校に行くのは当然のこと」「何とか行かせなさい」という態度で、さとこさん自身が責められているように感じることも多々ありました。

お母様も同様に、「学校に行かせないと心配」という様子で、さとこさんは「学校に行けない息子さん」と「学校に行かせたいご両親」の間に挟まれることになったのです。

もともとは「できれば学校に行ってほしい」と考えていたさとこさんでしたが、布団から出られない息子さんを見て、全面的に息子さんの側に立つことを心に決めます。「これ以上続けたら、この子は潰れてしまう」と、学校を休ませることを決心したのです。

お子さんが不登校になった時、「無理やりにでも学校に行かせたほうがいい」という周囲の意見に悩まされる親御さんも多いのではないでしょうか。特に祖父母と同居されている場合、逃げ場所がありません。

さとこさんは、同じような境遇にいるお母さん、お父さんに向けて「第三者に関わってもらう大切さ」を語っています。

さとこさんの場合、助けを求めたのはスクールカウンセラーでした。ご両親をスクールカウンセラーのところに連れて行くことは叶いませんでしたが、カウンセラーの意見をひとつひとつ丁寧にご両親に伝えていったのです。

「学校に行きたくても行けないとはどういう状態なのか」「今は子どもにとってどういう時期なのか」。

スクールカウンセラーと話すことで、さとこさん自身の疑問も解け、知識を両親に伝えることができるようになっていきました。すると、少しずつご両親の態度が変わっていったのです。

「昔とは子育ての仕方が違うこと」「今は孫にとって休憩時間であること」がわかり、態度が軟化していきました。

「今は学校に行かなくてもいい」と思ってもらえるようになったのと同時に、少しずつ家庭の雰囲気も穏やかになっていったそうです。


「私の両親にとって不登校の子どもの気持ちは未知のもの。わからないから怖いし、心配になる。正しい知識を得ていくことで、両親の気持ちも変わっていくんだと感じました。ただ、親子の間だけで話すと感情論になってしまうでしょう。だから第三者に関わってもらうことが一つの解決策になるのかなと思います」。

学校をお休みする決心をした頃、不登校のブログでアーロン博士の『ひといちばい敏感な子』の書籍が紹介されているのを目にし、ＨＳＣという概念を知りました。「学校に行かなくていい。休んでいい」と伝えることで、息子さん自身も少しずつ明るさや柔らかさを取り戻し始めた頃でした。

ＨＳＣを知って「このままでいいんだ。この子らしく過ごしていくのがいいんだ」と確信が持て、背中を押されたような気持ちになったと言います。

さとこさんは、思い切って仕事を辞める決心をします。さとこさんが夏期休暇中にずっと家にいる生活を送っていた時、子どもたちがいつもよりもイキイキとしている実感を得たことがきっかけでした。

「何か特別なことをしなくても、家にいて、そばにいるだけでいいんだって気づいたんです。ただ一緒に遊んだり、ご飯を食べたり。それだけで子どもたちは元気になる。一緒に過ごすことが今は一番大事なんだと思えました」。

学童保育も辞めました。パンフレットを見せたフリースクールも、唯一見学に行った適応指導教室も、息子さんは関心を示しませんでした。

「家がいい」という息子さんにとって、義務教育を受ける場所もまた家であると、今は割り切っているのだそうです。

「勉強はノータッチです。ほとんど取り組みません（笑）。ただ、困った状況にならないとやらないのは私も同じ。本人が好奇心を持って何か学びたいと思った時に始めればいいと思っていますし、生きていくためのスキルって勉強だけに限りませんよね。今は、自分を確立する時期なんだと思います。敏感な気質ゆえに、たぶん想像以上に学校や他人に合わせて迷走して疲れ切ってしまったわけですから。〝こんなことをしたい〟と心から湧き上がってくる自分の気持ちを大切にしてほしいですし、その時には全力でサポートしたいです」。

ＨＳＣの子育てを通じて、大切な学びを得たと語るさとこさん。息子さんを通じて、「自分自身が持っている敏感な気質も、そのままでいいんだ」と思うことができるようになりました。

社会に合わせようとして着こんでいた重い鎧を一枚ずつはぎ取っていくことで、身軽になれたと笑います。

「私も悩んでいる時は本当につらかったし、たくさん自分を責めたけれど、〝この子たちは何があってもこの先大丈夫〟と今は確信をもって言える。そういう母親もいるよ、あなたも大丈夫だよ、って悩んでいるお母さんに伝えたいですね」。

Case.3　学校の意見に流されず、子どもに合った居場所を見つけることに奮闘した母

「今思えば、無理して小学校に通っていた時は、子どもも私も落ち込んでいて、元気をなくしていましたよね」と明るい笑顔で当時をふり返るマミさん。現在、小学校ではなく、フリースクールと学童保育（放課後児童クラブとも言う。以下学童保育と呼ぶ）に通う9歳の娘さんを育てています。

保育園時代は、のびのびと楽しく過ごしていた娘さん。入園した保育園は先生の人数が多く、子ども一人ひとりに目が行き届く環境でした。娘さんのマイペースさを受け止めてくれ、ゆったりと過ごせる園だったと言います。そして時は流れ、小学校に入学。入学当初は夜中に泣いて起きることもありましたが、1学期は順調に通うことができていました。しかし夏休みが終わった頃、「学校に行きたくない」と登校渋りが始まったのです。

「困ったな、何が嫌なんだろう…」。マミさんは困惑しながらも、自分自身が産休中だったこともあり、登校渋りは一時的なものだろうと考え、娘さんには学校に行くように促していました。遅刻したり、少しお休みをしたりしながらも、何とか通っている状態でした。

娘さんには学校という場所はどのように映っていたのでしょうか。はっきりとしたことはわかりませんが、「忘れ物をしたお友だちが廊下に立たされて先生に怒られていた」と口にしていたことがあったと言います。

「忘れ物は絶対にできない」と気にしている娘さんに、「忘れた時は忘れましたって言えばいいよ」とマミさんが楽観的に答えると、「持っていかないと怒られるから」と怖がっていたそうです。

完璧主義なところがある娘さんにとって、緊張を強いられる場面もあったのかもしれません。

2年生になり、担任の先生やクラスメイトが変わると、学校を休むことが徐々に増えていきました。

本人に聞いても理由はわからず、学校の先生に相談しても、「学校にきているときは普通に過ごしている」と伝えられるだけ。

「友だちができないでいるのではないでしょうか？」というマミさんの疑問にも、「そんなことはありません」と言われ、娘さんの気持ちに寄り添う余裕はないように見えました。

いよいよ仕事復帰の日が近づき、「学校に行けないのであれば、学校以外の居場所を探さなければ」と決心したマミさん。

迷った末、1年生の頃から通っていた学童保育に午前中からの保育をお願いし、加えて適応指導教室に通うことを決めます。

どちらも送り迎えが必要な施設のため慌ただしい日々が続きましたが、2つの施設に通うことで仕事復帰も叶いました。

そんなある日、マミさんに学校から連絡が入ります。「（学校に行かずに）学童保育で日中を過ごすことは認められない」というショッキングな内容でした。

多様性が認められるべき現代で、学校側の見解はあまりにも杓子定規すぎるのではないかと感じ、「不登校の子どもに様々な居場所を用意することで、結果的に学校に戻るハードルが下がる」ことなどを伝えましたが、学校側の回答は「学童保育はあくまで放課後に過ごすための場所だ」という一点張りでした。

娘さんが通っているのは民間の学童保育。放課後に限らず、不登校や学級閉鎖となった場合の子どもたちの受け入れを行っているケースもあります。

不思議に感じたマミさん夫婦は、解決策を探るべく、様々な人に相談をします。

その中で「教育委員会へ相談してみてはどうか」という声があり、電話で相談してみることにしました。

一部始終を説明すると、「学校側の対応は不思議ですね」という反応が返ってきました。教育委員会側から学校に事情を聞いてもらえることになり、ほっと安堵の気持ちが湧き上がってきたと言います。

後日、学校側の対応は一変。学校と学童保育が連携し、娘さんの様子を一緒に見守っていく方針になったとのことでした。

困った時は当事者だけで抱え込まずに、周囲に相談し解決策を探る大切さを実感した瞬間でした。

その後、娘さんの気質に合うフリースクールとの出合いがあり、現在は日中をフリースクールで過ごし、その後学童保育に通う生活を送っています。

娘さんはフリースクールに通い始めてから、笑顔が増えたそうです。

「保育園時代は明るかった娘が、小学校に入学してからどんどんしゃべらなくなり、オドオドするようになって。私も落ち込んだのですが、今は昔のようによくしゃべり、よく笑うようになりました。時々、うるさいと感じるくらい（笑）。情緒が安定して、自己主張もできるようになって、そのことが本当に嬉しいです。

学校の先生はわかりやすい問題を起こしている生徒に手をかけがちだけれど、おとなしくて繊細な子が内面に葛藤を抱えていることもあります。そういう子どもにも寄り添ってくれる、想いを馳せてくれる教育の場に学校がなってくれたらと願わずにはいられません。

そのためには先生に時間や心の余裕が生まれることが大切ですよね。先生の人数が増えることを願います。同時に、学校という限られた選択肢だけではなく、子どもたちにとって様々な居場所があることが大切なのかなと思います」。

Case.4 10年の葛藤を経て、何気ない日常の幸せを大切にする子育てにたどり着いた母

「息子がＨＳＣであることは素晴らしいこと。不登校であることも、今となっては特別

マイナスなことだとは思っていないんです」と語るのは、現在、小学6年生と4年生の男の子を育てているゆきさん。ただ、こう思えるまでには長い道のりがありました。

長男である息子さんが保育園に入園したのは生後9ヶ月の時。もともと甥っ子さんが通っていた保育園で、先生方とも面識があり、信頼して預けられる場所でした。入園当初は泣いてばかりいることが気になりましたが、同じ時期に入園した子どもたちも皆同様に泣いており、「人見知りが強い子だけれど、そのうち慣れてくれるだろう」と考えていたと言います。

ただ、徐々に泣かずに登園できるお友だちが増えていく中で、息子さんの行き渋りはなくなりませんでした。

「休み明けや、病み上がりの行き渋りはしょっちゅう。特に年度末になると不安定になることが多くて、うちでは勝手に〝年度末症候群〟と呼んでいたんですけど（笑）。何となく先生が入れ替わることを察したり、卒園式の準備や練習が始まったり、慌ただしい雰囲気になるのが苦手だったのかなと思います。0歳から通っていた保育園ですら卒園まで泣いていたので、小学校に入学したらどうなるんだろうと正直不安はありました」。

しかし、いざ小学校に入学すると、そんな心配をよそに息子さんはしっかり登校します。初めての参観日に、生徒が一人ずつ前に出て自己紹介をしなければならない場面がありました。その時はうまく言葉が出ず、涙してしまいましたが、そのほかの学校生活では泣くこともなく、不満をもらすこともありませんでした。ゆきさんが拍子抜けしてしまうくらい、何もかも完璧にこなしていたのです。

状況が変わったのは、1年生の夏休み明け。突然、行き渋りの大爆発が起こりました。張りつめていた糸が切れたかのようでした。

「小学校に入学して“完璧にできていた”ことを私はポジティブに捉えていました。保育園は合わなかったけれど、小学校はこの子に合っていたんだと。でも夏休み明けに大爆発を起こした息子を見て、自分が勘違いしていたことを思い知らされたんです。ああ、息子は泣くことを我慢していただけだったんだなぁって」。

それからは大変な日々が続きました。泣く、わめく、暴れる息子さんの手を引っ張り、無理やり学校に連れて行く毎日。先生方数人で迎えられ、車から引きずり降ろされて連れて行かれることもありました。車送迎をやめ一緒に歩いて登校したり、今日は下駄箱まで翌日は門までというふうに一人で登校できる距離を延ばしてみたりと試行錯誤の日々。登校中の息子さんは、いつもピタッとお母さんに身を寄せ、不安いっぱいの様子です。
担任の先生からは「母子分離不安でしょうね。1年生は結構多いんですよ」と言われ、〝よくあることなのだろうか…〟と思いながらも、息子さんの泣き顔が頭から離れず、心を痛めていました。

調子良く登校できる時期があっても、行き渋りの波は繰り返しやってきます。朝起きてもご飯を食べないことや、立ち上がれなくなることも。

その都度、悩んだり苦しんだりしながら、何とか登校させる。そんな日々が4年生まで続きました。

4年生の担任は厳しく、不機嫌な態度を子どもにそのまま見せてしまう先生でした。

ピリピリとした教室の雰囲気にストレスを感じていた息子さんは、ゆきさんに「お手紙書いて」とよくお願いしていたそうです。

そのお手紙は、小さなメモ帳に、元気が出るような言葉をゆきさんがひと言ふた言書いたもの。

〝持っていると安心するから〟と、息子さんはそれをまるでお守りのようにぎゅっと握りしめて登校していました。

頑張って学校に通い続けていれば、学校生活の見通しが立ち、そのうちなじんでくれるだろう。そう考えていたゆきさんでしたが、息子さんのつらそうな様子を見て、「周りの子と比べて怖がることが多いのはなぜなんだろう」という疑問や、「何とか助けてあげたい」という気持ちを強めていきます。

そんな時に見つけたのが、ＨＳＣについて書かれたブログでした。

「そのブログを夢中で読んで、目の前がぱーっと明るくなる感じがしました。ＨＳＣの特徴と息子の気質がピッタリ合致して。10年間ずっと考え続けていた疑問が晴れて、１２０％納得できた。同時にＨＳＣについて知ることは私にとって救いでもありました。これまでずっと息子は私に似たんだと思っていたんですね。細かなことを気にするところ、臆病なところ、痛みに弱いところ…全部私の悪いところがこの子に遺伝したんだと思っていました。でも、ＨＳＣという気質があることを知って安心したというか、何もかもが腑に落ちて、受け入れる覚悟ができました。〝この子を私のようにさせたくない〟という思いで必要以上に厳しくしてしまっていた時期があったことをとても反省し、後悔もしました」。

５年生になり、先生やクラスメイトにも恵まれましたが、息子さんはある日を境にパタりと学校へ行かなくなりました。

ＨＳＣを知っていたゆきさんには、もう「学校に行かせなければ」という思いはありません。

「ここまで学校生活を経験し、その上で本人が行きたくないと言うのであれば、その気持ちを尊重しよう」、そう思えたと言います。


学校に行かなくなってから、学校以外の選択肢を知りたいと考え、児童相談所に相談に行きました。

息子さんの気質について詳しく説明する中で、職員の方から、より詳細に子どもの得意・不得意を知るための心理士のテストを受けてみないかと提案されたのです。

学校に説明する上で一つでも多くの情報を得たいと考えていたゆきさんは、息子さんに知能検査（ＷＩＳＣ）を受けさせることに。

その結果わかったのが、息子さんは〝理解力や記憶力に長けている〟のに対し、〝言語化が苦手〟だということでした。

「学校というのは常に〝言語化〟が求められる場所。ずっとつらかっただろうなって、改めて息子が学校を嫌がっていた理由が納得できました。

学校の先生方とも何度かお話をさせてもらい、息子が敏感な気質ゆえに学校生活の負担が大きいということを、検査結果をもとに伝えました。

話し合いの時、先生方は涙ぐんで話を聞いてくださって。〝そんなにつらかったのですね、頑張っていたんですね〟とおっしゃってくださったんです」。

何より教頭先生の「大事なのはどこで過ごすかじゃない。どう過ごすか、ですよね」という温かい言葉を、今もゆきさんはお守りのように大事にしています。


現在、ゆきさんは、在宅でできるフリーランスの仕事をしながら、息子さんと家で過ごす時間を大切にしています。

息子さんは中学校へ進学しようと受験勉強を頑張っていた時期もありましたが、ある日ゆきさんが「本当に行きたい？」と尋ねると、「本当は行きたくない、でも行かなくちゃ…」という答えが返ってきたことがありました。

まだまだ義務感にとらわれている息子さんを解放してあげたいと思い、「無理して行かなくていいんだよ」と、ただ毎日を笑顔で過ごすことを最優先に考える日々です。

「HSCの気質を持っている子ほど、人よりも責任感が強かったり、親を心配させてはいけないという思いが強くて本当の気持ちを言えなかったりする傾向がある気がします。〝学校に行きたくない〟と伝えることは、ものすごく勇気がいること。もし、今悩んでいるお父さん、お母さんがいたら、子どもから発せられるサインやシグナルを見逃さず、守ってあげてほしいと思います」。

学校に行かなくなってから表情が柔らかくなり、以前よりもできることが着実に増えている息子さん。

「息子が、私の友人の仕事を少しお手伝いしたことがあったのですが、〝完璧な仕事ぶりで本当に助かった〟と言ってもらえて、ああこの子は大丈夫だなと思いました。得意なことや個性を活かして、生きていってくれると思います。一緒にご飯を食べたり、買い物をしたり…目が合うだけでキラキラした笑顔を向けてくれる息子を見ていて、こんな幸せなことはないなって感じます。先のことを心配してばかりで、今の幸せを見失ってはいけないんですよね」。

精神科医　長沼睦雄先生に教わったこと

十勝むつみのクリニックの院長である長沼睦雄先生は、日本で数少ない、HSC（HSP）を診る精神科の先生です。HSCのほかに、発達性トラウマ、愛着障害、神経発達症（発達障害）などの診療を専門としています。

HSCの情報が広まり、「私もそうだった」「うちの子がそうかもしれない」と気づく人が増えています。その一方で、HSCの特徴の現れ方や敏感さの度合いは人それぞれ違うため、どう判断すれば良いのかわからないという声も多くあります。

「HSCだと思っているのに発達障害ではないかと言われた」「発達障害の診断を受けても、親がHSCと判断している」といったケースもあれば、反対に「発達検査や知能検査では診断がつかなかった。しかし、支援を受けるためにどうしても必要なので発達障害の診断書を書いてもらう判断をした」というケースもありHSCの捉え方は様々です。

HSCについてどのような視点で捉えると、子ども本人にとって一番良いのか、長沼先生にお話を伺いました。

●発達検査や知能検査を受ける基準[*1]

斎藤〕 ＨＳＣは病気や障害ではないため、通常「ＨＳＣです」と診断されることはありません。そのため、多くの親が自己判断でＨＳＣだと見立てているのが現状だと思います。

その中には、周りから「発達障害じゃないの？」と言われたことをきっかけに、または、親の意志で発達検査や知能検査を受けた方もいます。逆に「うちの子はＨＳＣだから」と自己判断をして発達や知能の検査を受けていないという方もいるようです。先生が、「この子は検査をしたほうがいい」と判断される基準はありますか？

長沼先生〕 可能であれば全員受けたほうがいいと思います。なぜかというと、「愛着の問題」「トラウマ」「ストレス」が複雑に絡み合って、それらが発達の問題に影響している可能性があるからです。それを診ずに、ＨＳＣや発達障害などとは診断できないのです。

●検査の内容

斎藤〕 具体的にはどのような検査をされていますか？

長沼先生〕子どもの場合は、まず、神経発達の生来の特性や、認知や感情や感覚のバランスを診る必要があります。

それらの高低やアンバランスが、先天的なものだけとは限らないと思っています。ですから、まず心理検査などの認知系の検査や発達全体の把握は必須だと思うのです。

僕は脳機能の視点で色々な発達を診ます。HSCを診る場合は従来の発達検査だけではカバーできないので、脳の機能のアンバランスは必ず診ておきます。

また、五感だけでなく超感覚（予感、第六感、直感、霊感など）や、身体感覚などの感覚系さらには運動系のチェックリストを設けて、親に記入してもらいます。

斎藤〕それによって、先天的ではない問題が見えてくるということですか？

長沼先生〕そうですね。胎児期や初期発達（0、1、2、3歳まで）に問題があったかどうか、初期の親と子の状況がどうであったかをしっかり確認します。これらの重要な情報なしに診断をするのは不十分なのです。ですから、知能検査と同じように、どんなに問題がなかったとしても、聞いておくことが大事です。

●検査は何歳くらいで受けるのがいいのですか

斎藤）発達検査や知能検査は可能であれば全員受けたほうがいいとのことでしたが、検査を受けるのは何歳くらいがいいと先生は思われますか？

長沼先生）そうですね。何歳がいいというのはないですが、新版K式発達検査は0歳からできます。また、WISC（ウィスク）という子どもの知能検査は、発達の早い子だと5歳からできますし、通常は6歳からやっています。

●HSCを自己判断するリスク

斎藤）HSCは診断がつくことがないので、HSCのチェックリストなどで自己判断をする人がほとんどです。自己判断をするリスクというのはあるのでしょうか？

長沼先生）「症状（表面）だけを問題にして原因（裏面）を問題にしないというリスク」があるのではないかと思っています。

何が原因（本質）でそうなっているかを議論せずに、「敏感だからどうしたらいいですか？」「どうやったらこの敏感さに対処できますか？」という症状だけの対応に終わってしまうことは避けたいのです。

表に現れた敏感さが何に由来したものかということを真剣に議論せずに、症状の対応だけするのが危険だというのは、敏感さの原因が、発達障害や愛着障害、発達性トラウマ障害などに結びつく可能性もあるからです。

トラウマ記憶をつくりPTSDを発症した子たちは、本当に長い期間にわたって精神を病んでしまいます。ですから、しっかり議論し原因を見つけて、いかに再発しないようにするかが大切です。

その敏感さは、もしかすると、小さい時期のトラウマに原因があるかもしれない。とにかくHSCは非常に感性が豊かなためにトラウマ記憶をつくりやすいのです。

ですから、極端に不安がったり、怖がったりする子たちに発達障害がない場合は、やはりとても敏感な神経を持っていると見て、慎重に接するように注意する必要があります。

「それくらいのことは我慢させて、たくましく育てよう」なんて考えたらこの子たちは逆にとても傷ついてしまうのです。

斎藤）そうですね、幼い頃からトラウマ記憶をつくったり、愛着の問題を抱えたりしやすいため、できるだけ早いうちに回復のためのトラウマケアとか、安全・安心な環境と愛着を育み直す時間が必要なんですね。

●敏感さと身体の関係

斎藤〕 敏感さの原因が何かということを真剣に議論することが必要とのことですが、敏感さの背景に、「発達の問題」「愛着の問題」「トラウマ記憶」があるのかどうかを見極めることが大切ということですね。そして自律神経失調症のような身体の症状も敏感さと関係しているということでしょうか?

長沼先生〕 敏感さに伴って身体の不調が現れるということを今、とても重要視するようになりました。身体感覚の中には「内臓感覚」というのがあります。それは、自律神経反応と結びついています。内臓系の自律神経というのは人間にとても大きな影響を及ぼしているということがわかってきたのです。

脳から腸に行く情報よりも、腸から脳に行く情報のほうが9倍多いと言われています。つまり、腸の情報が、脳にものすごく影響を与えているということです。

ストレス情報の伝達に深く関わっているのが自律神経です。自律神経には、興奮や活動を促す神経である「交感神経」と、リラックスや休息を促す神経である「副交感神経」の二種類があります。交感神経と副交感神経が、つねにバランスよく機能し合うように調節し合い、身体の恒常性を保っているのです。

例えば、戦闘状態のようなストレス状態では、腸の機能が悪くなりますが、それは、興奮や活動を促す神経である交感神経が優位になって、リラックスや休息を促す神経である副交感神経を休ませている状態です。

慢性的に、過剰なストレスを受け続けていると、ストレスはまず脳の自律神経の中枢にダメージを与えるということがわかってきました。

脳のある特定の場所に変化が起こるのですが、それが自律神経経路を通して副腎に影響し、内分泌系（ホルモン系）の異常が起こります。

それによって今度は、免疫系の異常につながります。免疫細胞の7割は腸でつくられているため、腸の働きが悪いと腸から受け取る色々な情報もおかしくなっていくということなのです。

慢性のストレス状態が続くと、まず自律神経系がおかしくなり、それがもとでホルモン系も狂い、腸に影響して免疫系も狂ってきます。免疫系が狂ってくるとアレルギーにもつながります。

免疫は内臓の働きに非常に絡んでいるので、ＨＳＣの中には腸などの内臓系が敏感な子が結構多いのです。

だから、敏感さというのを単に神経だけでなく、ホルモン系や、腸由来の免疫系の問題まで広げると、敏感さという問題がストレス反応だというところまで考え方が広がっていきます。

このように、敏感さの原因がストレスやトラウマにあるという視点を持つことによって、心の問題だけでなく身体にも問題が現れてくるという視点が生まれたのです。

斎藤〕 心や頭は大丈夫だと思っていても、学校に行こうとするとお腹が痛くなるというのはそういうことなのですね。身体がストレスやトラウマに敏感に反応しているわけですね。

長沼先生〕 不登校の子ども本人や周りの大人には、身体に不調が現れているという意味を、もっと重大に捉えてもらいたいのです。例えば、過敏性腸症候群や吐き気、自律神経の失調など。

自閉症の子の場合も、今まではたかが便秘というふうに扱ってきたのですが、便秘をしているということは、身体が悲鳴を上げている、つまり常に戦闘状態にいるという意味です。

ですから、身体、腸も含めて精神なんだという視点をもっと持つことが大事なのです。

身体が悲鳴を上げたのと同じように身体の感覚がないということもかなりのストレス状態を

意味しています。

身体の不調が発達障害で起こったのか、それともストレスで起こったのかは、わかりづらいところです。しかし、両者を区別することなく情報処理がおかしくなっているのだという視点で見ると共通した部分が見えてくるのです。

精神医学は感覚の問題を抜きに議論をしてきた歴史があるので仕方がないことなのですが、「内臓感覚」のような感覚という視点からあらゆる問題を見直していき、トラウマによって感覚がどう変わっていくかというのも見ていくと面白いなと思っています。

●敏感さはトラウマ絡みで起こっている

長沼先生〉

僕は以前からトラウマ治療をやってきていますが、ようやく「敏感さというのはトラウマ絡みで起こっている」ということが腑に落ちるようになったのです。もちろんトラウマだけではなく、気質的な影響も物質的な影響もありますが。

「トラウマ・インフォームド・ケア」という新たな概念があります。これは、メンタルヘルス面を支援する時に、その子が過去にどんなトラウマを体験し、どのようなトラウマ症状が生じているのかを知り、トラウマがその子の人生にどういった影響を及ぼしているのかを明らかにした上でトラウマを繰り返さないようにケアを提供するアプローチのことです。

「トラウマの再演を防ぎましょう」ということが言われています。

ＨＳＣはとにかく、本人側を勇気づけることが大切ですが、この「トラウマ・インフォームド・ケア」という概念は、人はもともと一人ひとり違うのだから、人と違っていいのだという視点を強調し、「自分を守っていい」というメッセージを送りました。

そういった意味でも、これは愛着障害や発達障害の概念と同様にすごく大きなインパクトを社会にもたらすと思います。

インタビュー後記

「発達検査や知能検査は可能であればすべての子が受けたほうがいい」といったお話は意外でした。

しかし、長沼先生がそうおっしゃる理由は、敏感さの原因として挙げられるものの中に「愛着の問題」「トラウマ」「ストレス」がある。

つまり敏感さを生じさせる、あるいは、生まれ持った気質としての敏感さをより強める可能性のあるこの3つに対し、回復と予防が欠かせないとの考えからだったのです。

とはいえ、「愛着の問題」「トラウマ」「ストレス」の問題と聞くと、母親としては育て方、接し方が悪かったのではないかとつらい気持ちになったり、責められたような気持ちになったりするかもしれません。

ですが、私たち母親は、「愛着」や「トラウマ」の知識を持たない中で一生懸命に目の前の子どもと向き合ってきたはずです。その時点では何が傷になるか、わからなかったわけですし、非HSCだったらさほど影響がなかったかもしれないのです。

子育てや愛情、子どもへの接し方はたとえ同じでも、子どもそれぞれの気質によって影響は異なるわけです。

やり直しも、取り戻すこともできます。必要なのは、自分を責めることではなく、正しい知識を得て、トラウマの回復、予防となるような接し方や選択をしていくこと、それがHSC本人の、将来を大丈夫と言えるものにする自己肯定感や幸せに直結するものである、長沼先生のお話を伺って、改めてそう思いました。

＊1　【発達検査を受けるには】
市区町村の保健センター・児童相談所・子育て支援センター・発達障害支援センターなどで受けられます。1歳半～3歳児健診などのタイミングで保健師や医師に相談してもいいでしょう。小児科や児童精神科でも診療を受けられることがあります。

発達検査を受けることで、発達障害のある・なしに関係なく、子どもの特徴を客観的に知ることができます。子どもに合った対応をするヒントになるんですね。ただし、発達検査で表面的に見えるものだけではなくて、根本にある「愛着の問題」「トラウマ」「ストレス」に目を向けることも大切です。

第5章

「学校に行かない選択」の安心材料

第５章では、読者の皆様と同じ立場で共に悩み考えていきたい母親たちが、次のような項目ごとに「安心材料」を集めました。

◇公共による支援
◇民間による支援
◇自宅学習
◇不登校に関するコミュニティ
◇親の仕事
◇将来の見通し

ご紹介する施設や企業、学校などは、掲載許可をいただいたところのみ掲載させていただいています。

◇安心できる居場所

もし、お子さんが不登校になったら……。社会的に少数派であることは誰しも不安やストレスの対象になります。

お子さんの将来を考えれば復帰こそが安定の道だと感じられ、心配するからこそ原因を追究したり、アドバイスをしたくなるかもしれません。

しかし、不登校になる頃にはもう十分に追い詰められ、自信をなくしている状態です。本来は学校に行くべきだとわかっているのに行けない、そのようなお子さんにとっては、ただ気持ちに寄り添って共感してもらうことが何より救われます。

ありのままの自分を認められ、受け入れられていると感じたなら、お子さんは安心して自分と向き合い、本来の能力を発揮していくこともできるでしょう。

十分な休養期間を確保することは成長していく上での必要なステップ。

まずは家庭をベースに心の安定が確保できれば、公共や民間の施設にも安心できる居場所はきっと見つかります。

親子でオンライン上にコミュニティを求めるのもいいでしょう。

次のページからは、第5章をご覧いただく際の目次として、学校に行かない選択肢の案内図を用意しました。気になるページからご覧いただけます。

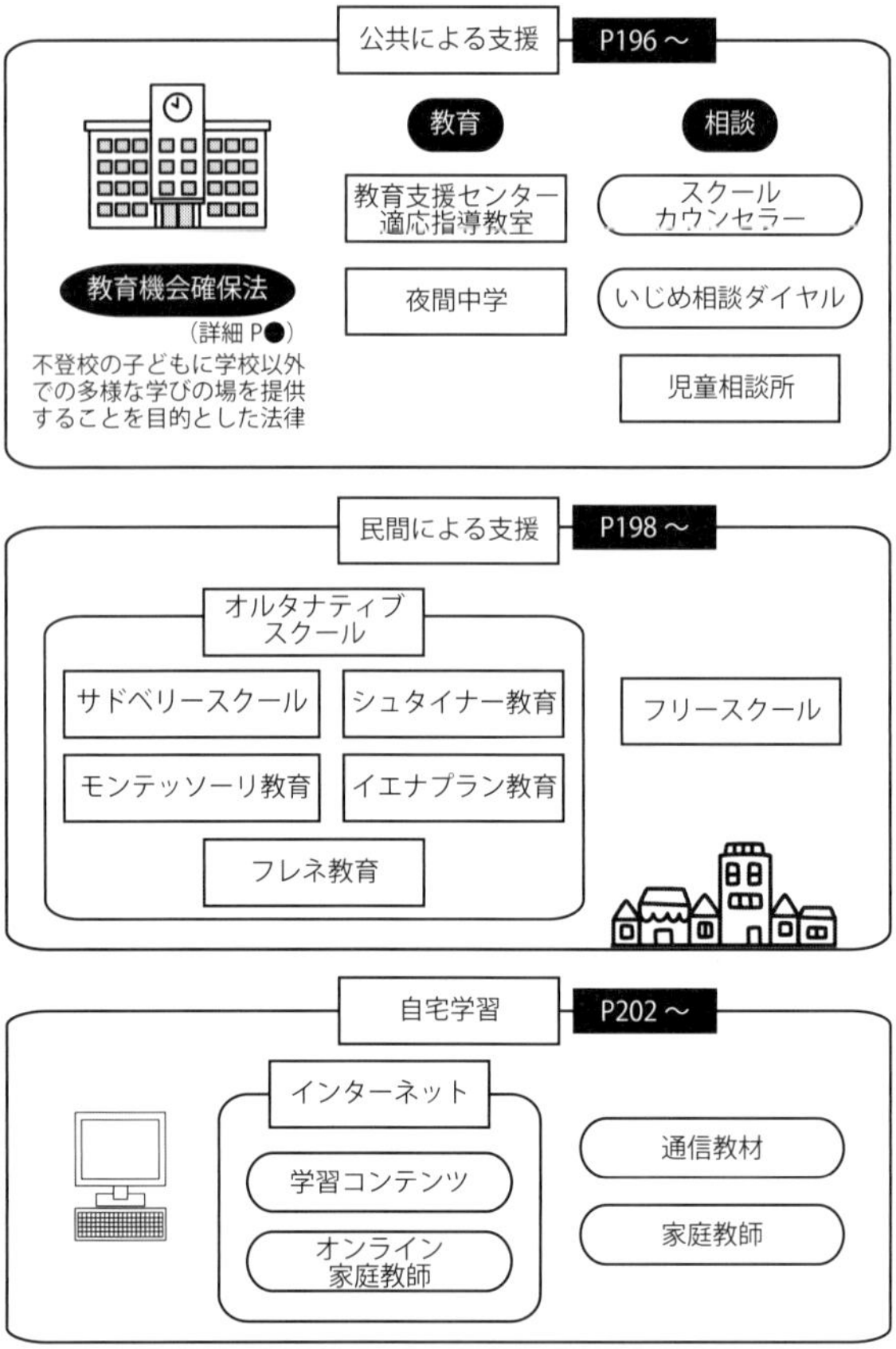

MEMO

〜学校以外の学び〜指導要録上出席扱いとは

「公的機関」や「民間施設」において指導を受けた場合、また「自宅においてIT等を活用した学習活動」を行なった場合に、自立を助ける上で有効・適切と学校長が判断する場合に、指導要録上の出席扱いとすることができます。

［参考：文部科学省・「不登校児童生徒が自宅においてIT等を活用した学習活動を行った場合の指導要録上の出欠の取扱い等について」（通知、不登校児童生徒への支援の在り方について（通知）］

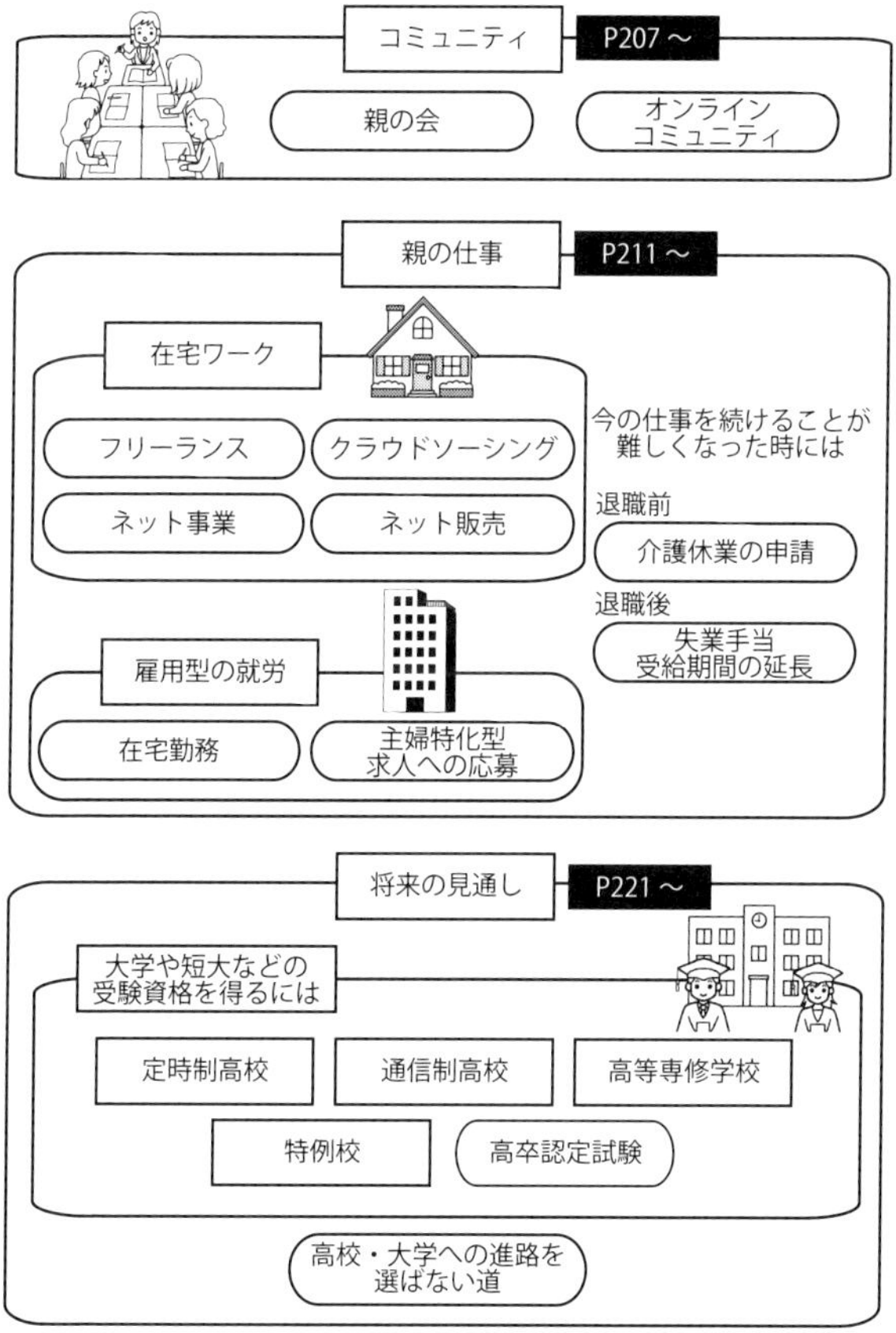
コミュニティ
P207～
親の会
オンライン
コミュニティ
親の仕事
P211～
在宅ワーク
フリーランス
クラウドソーシング
ネット事業
ネット販売
今の仕事を続けることが
難しくなった時には
退職前
介護休業の申請
退職後
失業手当
受給期間の延長
雇用型の就労
在宅勤務
主婦特化型
求人への応募
将来の見通し
P221～
大学や短大などの
受験資格を得るには
定時制高校
通信制高校
高等専修学校
特例校
高卒認定試験
高校・大学への進路を
選ばない道

◇公共による支援

文部科学省が実地した調査*（平成29年度）によると、不登校の小・中学生は、過去最多の14万4千人となりました。

要因は複合的ですが、その背景には「教育機会確保法」（平成28年12月成立）の施行があり、「不登校は問題行動ではない」という考え方が浸透してきたというポジティブな要因も考えられます。

同法では、これまで学校復帰を前提としてきた不登校対策を転換させ、「休養の必要性」や「学校以外で学ぶことの重要性」を認めています。

親子が罪悪感を抱くことなく「学校に行かない」選択をし、一人ひとりに合った学びを自由に選べる社会への第一歩となりました。

＊　文部科学省・「平成29年度児童生徒の問題行動・不登校等生徒指導上の諸課題に関する調査結果について」

ここでは公共による支援や施設を紹介します。

◆教育支援センター（適応指導教室）

事情があって不登校になった児童や生徒が、学校へ戻れるようになるまでの間の支援機関として各自治体に配置されている。

授業内容は各児童や生徒のペースに任せて、配慮しながら進められていく。フリースクールと大きく違う点は、教育支援センターは学校へ戻ることを目的としているところにある。

教育支援センターへの通所を出席日数と見なす学校が多い。

■対象年齢　小学1年生～中学3年生まで
■基本的には授業料は無料だが、活動費（月500～600円）と昼食費（お弁当持参のところが多い）は別途必要になる
■在籍している学校を窓口として申し込みを行う

◆スクールカウンセラー

学校や勉強に関する児童や生徒の悩み・心の相談や、教師や保護者への助言、面談を行う。カウンセリングは無料、希望する場合は在籍中の学校に問い合わせをする。

◆児童相談所

18歳未満の子どもに関することならどんなことでも相談を受け付ける。ニーズに応じて効果的な援助を行う。不登校も相談の対象となる。

◆いじめ相談ダイヤル

いじめや暴力に悩む子どもや保護者の相談窓口。24時間対応で開設されている。

全国共通 TEL　0120－0－78310

（所在地の教育委員会の相談機関に繋がる）

◆夜間中学

公立の中学校の夜間学級として文部科学省が各自治体に設置を促している。現在8都府県25市区に31校ある。

公立教員が指導に対応、教科書は無償で提供、授業料無料。

夜間中学はこの他に自主夜間中学という名称でNPO法人やボランティア団体が運営しているものもある。

◇民間による支援

ここでは民間教育施設のご紹介をしたいと思います。

学校とは別の学び場として、民間団体やNPO法人が様々な事情があって学校に行けない子どもたちの居場所を提供しています。民間教育施設は、現在文部科学省が把握しているだけで全国に474箇所あり、少なくとも4200人の小中学生が通っています。

昨今「オルタナティブ教育」が注目され始めていますが、民間教育施設においてのオルタナティブ教育とは、後述する「フリースクール」や「オルタナティブスクール」などが含まれています。

また、「フリースクール」でも運営団体によっては「オルタナティブスクール」と呼称することもあり、現在の日本では明確な定義はありません。

本書では「フリースクール（主に不登校の子どもたちの学び場）」と「オルタナティブスクール（独自の理念と教育方針をもった特色ある学び場）」に分類して説明します。

【フリースクール】

学校以外の居場所を提供する民間教育施設です。

主な活動としては「相談・カウンセリング」「個別学習」。施設によってはその他芸術活動やスポーツ体験、自然体験など様々な体験学習が行われています。

最近はHSCをサポートしているフリースクールもあり、学校へ行けないHSCの学びの場としての選択肢が広がっています。

また、教育機会確保法により国と連携して取り組んでいる施設も増えてきているようです。

◆ペガサス　https://pegasasuwing.com

所在地：千葉県

HSCをサポートしている小中学生向けのフリースクールです。

代表の杉本景子さんは、HSCが学校で抱える悩みをコンパクトにまとめた冊子を出版されています。この本は、先生に渡すのにちょうどよいボリュームだと感じます。

教員や保育士向けの講演に力を入れておられ、ホームページから講演依頼をすることもできます。また、専任の上級心理カウンセラー資格を持ったアドバイザーが常駐していますので、お子様が学習している間に無料で月1回の相談をすることができます。

【オルタナティブスクール】

現在の義務教育や学校教育とは別の方針・独自の理念をもって運営されているスクールの総称です。

不登校になったばかりであったりエネルギー切れを起こしていたり、トラウマの回復に至っていないHSCにとっては新しい環境への負担は大きなものですので、まずは家庭で安心して過ごせることが前提となります。その上で、子どもが主体性を持ち、自発的に学びを求めた時に、自分に合った方法や環境を選択していくことが望まれます。

オルタナティブスクールのような施設はまだ数も少なく、身近にないことも多いかもしれませんが、前向きな情報にもなり得ると感じます。子どもに合った教育方法を考えていくためにも、多様な教育の情報を集めてみてはいかがでしょうか。

参考までに、オルタナティブスクールの例として5つの名称を紹介します。

◆サドベリースクール

1968年にアメリカのボストンで設立された、サドベリー・バレー・スクールをモデルにした学校。デモクラティックスクール。

◆シュタイナー教育

オーストリアの哲学者、ルドルフ・シュタイナーにより始められた教育法。

◆モンテッソーリ教育

イタリアのマリア・モンテッソーリにより始められた教育法。

◆イエナプラン教育

ドイツで始まり、オランダで発展した教育法。

◆フレネ教育

フランスのセレスタン・フレネによって始められた教育法。

MEMO

民間教育施設を検討する上で注意したいこと

●無認可が多い

多くのフリースクールやオルタナティブスクールは、学校教育法第一条に定められた、いわゆる一条校ではないため、卒業資格としては認定されません。

一条校以外のスクールを選ぶと、地元の公立校（指定校）に籍が置かれ、そこの校長先生に進級や卒業の判断をしてもらうことになります。

教育機会確保法が施行されたことにより、一条校に認可される民間教育施設が今後増えてくると予想されています。

民間教育施設を検討する際には判断材料の一つとして「認可」「無認可」の情報を持っておくといいかもしれません。

●費用が高額

最近は公的援助も増えつつありますが、文部科学省の調査では平均月額費用が3万3千円となっており、公教育よりどうしても高額になります。

各施設の学習方法によっても費用にはバラつきがあるため、情報収集が必要です。

◇自宅学習

学習意欲を持つにはエネルギーが必要。子も親も、まずは心身を守ること

自分自身でもはっきりとした原因がわからず、無気力だったり不安感を持つといった情緒的な混乱をきたし、自己防衛の結果として学校に登校しない選択をするお子さんは多いのかもしれません。

まずは睡眠を十分に取ることや生活リズムを整えることを優先して考えましょう。心と体、そして安心できる環境。そのすべてが整えば、自ずと学習のスタートに相応しいタイミングはやってくるのではないでしょうか。

また、お子さんが何より心強く感じるのは、一番身近な大人が元気で明るく過ごすことなのかもしれません。養育者自身のセルフケアは、お子さんのケアと同様にとても大切です。

ホームスクーリングは、新しい時代に合った主体的な学びを実践するチャンス

お子さんが好きなことや得意な分野に取り組むことを親が応援することは、子どもの心の充電を促します。自主的な取り組みが認められれば、自己肯定感や自信も育まれるはず

です。

好きなことにとことん没頭して、考える力や探究心を育むことができる貴重な時間は、人生の財産になるかもしれません。

自分にフィットした学び方で学習のモチベーションを保つ

家庭で学習を進めていくには、どのように教材を選んでいけば良いのでしょうか。

自宅を学びの場にすることは、学校の授業とは違い、自分に合った学習スタイルを選択できる点が大きなメリットです。

また、社会への急激な変化に対応していくために求められてくる英語力やプログラミング的思考（論理的思考）といった力は、学校を学びの場として選ばなくても獲得していくことは可能です。

イーラーニングと呼ばれるインターネットを活用した学習形態など、学びの場もツールも多様化が進んでいます。

一人ひとりの興味関心や、伸びていく方向性は異なりますから、心の状態や目的・性格などを考慮した上で、お子さんに合った学び方を一緒に話し合ってみましょう。

※ご受講をご検討の場合、各公式サイトで最新の情報をご確認・お問い合わせください。
※全て税抜き表示です。

小学館の通信講座 まなびwith（ウィズ）

■端末：なし（有料オプション受講の場合iPad）
■運営会社：株式会社小学館集英社プロダクション
■対象：年少〜小学6年生
■受講費：学年別（例：1年生・国・算・英・思考）毎月払い3,350円＋税 ※6ヶ月分・12ヶ月分一括払いで各価格設定あり
■特徴：新学習指導要領対応 / 国・算の他「思考の達人ツール」「作文」「読解」「文章題の図化」「図形」に力を入れた教材 / 会員サイトあり（デジタル版図鑑NEO・ライブラリー・学習ゲーム）/ 算数特化AI型教材（有料オプション）

進研ゼミ小学講座［チャンレンジ・チャレンジタッチ］

■端末：専用タブレット（チャレンジタッチ / 半年継続受講で無料）
■運営会社：株式会社ベネッセコーポレーション
■対象：小学1年生〜6年生（中学・高校生用講座あり）
■受講費：学年別（例）1年生・国・算・英 / 月額2,710円＋税　※12ヶ月一括払いの場合
■特徴：教科書準拠教材 / タブレット中心と紙教材中心かを選択 / 付録教材 / 民間で日本最大級の実力診断テスト / 新学習指導要領に対応（英語・プログラミング・思考力の各教材あり）/ 赤ペン先生の添削課題

すらら

■端末：PC・タブレット・Android
■運営会社：株式会社すららネット
■対象：小学1年生〜高校3年生
■入会金：10,000円＋税
■受講費：月額8,000円＋税（例）小1〜中3範囲の国・数・英
■特徴：対話型講義 / オンライン / 無学年学習 /“すららコーチ”が遠隔サポート /「今」必要な学習を提供する学習プログラム / 不登校・発達障害児童に配慮 / ペアレントトレーニング / 新学習指導要領対応

スタディサプリ

■端末：PC・タブレット・スマホ
■提供会社：株式会社リクルートマーケティングパートナーズ
■対象：小学４年生～大学受験生
■受講費：月額980円＋税
■特徴：プロ講師による映像授業 / 全学年全教科を受講可能 / 得意を先取り・苦手を繰り返し復習可能 / ゲーム機能 / 全講座テキスト（演習問題付）ダウンロード無料［冊子販売あり］/ 英語学習に特化した『スタディサプリ ENGLISH』（別料金）あり

【学習・情報 web サイト】

eboard いーぼーど / NPO 法人 eboard　https://info.eboard.jp
小中高校生向け無料オンライン学習 / 約2,500本の映像授業 /7,000問以上のデジタルドリルで基礎から学べる / ユーザー登録で学習の記録も可能

全国教科書対応・アクティブラーニング スクール TV/ 株式会社イーラーニング研究所 https://school-tv.jp
小中学校（国・算・社・理・英）の授業動画が見放題 / アクティブラーニングを導入 / 動画で学べる「スクール TV」（基本無料）

学研キッズネット / 株式会社学研プラス　https://kids.gakken.co.jp
小・中学生対象のコンテンツポータルサイト / 未来の仕事を探せ / 学習百科事典

【プログラミング学習サイト】※ダウンロードやインストール不要

Scratch スクラッチ https://scratch.mit.edu
世界中の学校がプログラミングの基礎学習に利用 / アカウントの作成で作品の保存や公開・共有・他ユーザー作品のリミックス が可能になる

プログラミン　http://www.mext.go.jp/programin/
文部科学省が開発・提供する子ども向けプログラミングツール / 操作が直感的でわかりやすく初めてのプログラミング向き

【オンライン家庭教師】

まなぶてらす https://www.manatera.com
勉強・受験とリベラルアーツが学べる複合型
■運営会社：株式会社ドリームエデュケーション
■講師：東大・早稲田・慶応など難関大学出身・在籍 / 各分野のプロ
■端末：PC・タブレット（スマホも可）
■授業料：月額コース（例）ライトプラン3,000円＋税 / スポット会員コースあり（ポイント制）※詳細は公式サイトをご参照ください
■入会金：なし
■教材費：なし
■システム：スカイプ
■特徴：そろばん・作文小論文・英会話・理科実験・将棋・プログラミング・ピアノ等をその道のプロから直接学ぶことが可能 / 5科目・英語・受験に対応 / 他の利用者と一緒に勉強ができる自習支援サービス

MEMO

技術革新やグローバル化を背景に、2020年、学校の教育課程のガイドラインである「学習指導要領」が新しくなります。
教育改革によって育成されていく主な学力の要素は次の通りです。
■アクティブラーニング（主体的・対話的で深い学び）
■外国語活動の充実・強化
■プログラミングの必修化

◇不登校に関するコミュニティ

子どもが不登校になって不安でいっぱいになった時、まずは誰かに相談しましょう。第三者の力を借りることは、現状を改善するための大きな一歩となることでしょう。

その際に、家族や学校の先生、地域の相談窓口では、「学校へ行けない」という状態を理解することが難しく、かえって事態を悪くしてしまうような、無理なアドバイスを受けてしまうことも考えられます。

まずは不登校に理解のある相談先を見つけ、安心できることが一番です。

下記にご紹介するサイトでは、不登校に関する深い理解のある団体によるネットワークを築かれており、全国の「親の会」も紹介されています。「親の会」は、悩みや価値観を仲間と分かち合うことができる点でおすすめです。

また、学校へ行かない子どもとその親（保護者）にとって、価値観を共有できる仲間と考えを分かち合うことは、孤独感を解消し、進む道を

◆ NPO法人「登校拒否・不登校を考える全国ネットワーク」

http://www.futoko-net.org/

不登校に関わる個人や団体などが、交流し活動をしています。全国ネットワークとして運営されています。『全国の親の会』が一覧でまとめて紹介されていますので、お近くの「親の会」を見つけることができると思います。

信じるための大きな力になります。

インターネットを利用することで、実際にその場に出向かずに、オンライン上でコミュニティに参加することもできます。

ここでは、一部のサイトをご紹介します。検索してみるとほかにも多くのサービスが見つかると思います。自分に合ったコミュニティを探してみてください。

◆特定非営利活動法人　いばしょづくり　http://www.ibasyo.jp/

不登校生や保護者の方、また、不登校経験者の方々の交流の場としてサイトが開設されています。会員登録を行うことで、サークル「いばしょクラブ」の企画をメールで受け取ったり、いばしょづくりサイト上で悩み相談などの利用や書きこみが可能になります。

【主な活動】

・インターネットサイト上での交流や悩み相談、友達募集などのコミュニティ

・オフラインでのイベントやオフ会の開催

会費　無料

※会費は各サイトにてご確認ください。

◆イクミナル　http://ikuminal.com/wptop/

イクミナルでは、不登校や学校が合わないと感じることを、自分らしさを手に入れるきっかけと考えているそうです。インターネットの会議システム（Zoom）やFacebookのグループを利用して、多様な学び方・考え方・生き方を尊重しあえる場を創っておられます。

【主な活動】

・インターネット上のコミュニティ
・オンライン交流会　月１～２回
・専門家によるセミナー開催
月会費　有料

◆ホームシューレ　http://www.homeshure.jp/

家庭を基盤として学び・成長する子どもとその家族のための専門支援機関。1993年に活動を開始して以来、2000家庭以上が参加してきました。2019年２月現在、全国で約170家庭がつながっているそうです。不登校の子と親が孤立せず、価値観を共有できる仲間を見つけ、自分を肯定できたり、ホッとする居場所を得たり、主体性を発揮できるようになったりなど、自信をもって生きていくことができることを目指して、活動しておられます。

【主な活動】

・会員専用のSNS、月刊交流誌、各地のサロン、オフ会、全国合宿、相談など
・保護者専用のHP、月刊情報交流誌など、多様な交流活動のチャンネル、学習サポート
入会金　有り
月会費　有料

◆お母さんのがっこう365　https://ai-am.net/salon365

いつでも繋がれる、会える、おしゃべりができる、安心なお母さんのがっこうです。不登校やこれからの学び、サドベリー教育、子どものこと、自分のこと、家庭のこと、社会のことをいっしょに考えたり、楽しく学んでいきたいと思って作られたオンラインサロンです。

【主な活動】

・Facebook の非公開グループを利用し、「今の環境に共感しあえる人たち」とネットを通して集うオンラインサロン
・月２回の「Zoom でおしゃべり会」
・不定期のオフ会や合宿、読書勉強会
月会費　有料

◆ HSC 親子の安心基地　https://hsc 子育てラボ .net/anshinkichi/

『HSC 親子の安心基地』は、HSC・学校に行きたくない HSC の気持ちに寄り添いたいと思っている親御さんたちが、お互いの考えや経験を共有しながら「安心して繋がれる」会員制のオンラインコミュニティです。

HSC の子どもたちが自己肯定感を持って、その豊かな感性を伸ばしていけるよう、HSC の気質や子どもの育ちについての知識や情報を共有し、応援し合う場所です。

家庭を「安心の基地」にするための助けになるコミュニティを目指しています。

【主な活動】

・Facebook の非公開グループや Slack での交流・お悩み共有・情報交換（共通）
・Zoom での勉強会・読書会・お話会・HSC の認知を広める活動（アクティブ会員のみ）
・学校に行かない HSC 同士のオンライン上の居場所（アクティブ会員のみ）
月会費　有料（アクティブ会員、リラックス会員それぞれで異なります）

◇親の仕事

不登園・不登校からホームスクールという選択をし、日中を自宅で過ごす場合、子どもの年齢によっては誰かが子どものそばにいる必要が出てきます。親族の協力や外注の依頼ができない状況で課題となるのが「親の仕事」です。

仕事を持つ方が今の仕事を辞める、時短にするなどの選択をした場合、経済的な面で不安を抱える家庭も少なくないようですが、自宅でできる仕事は幅広くなっており需要が増しています。

子どもに学校以外の居場所やホームスクールという選択肢が出てきているように、大人の仕事にも多様な選択肢と個性を活かせる場所が次々と登場しています。

ここでは主にインターネットを使って自宅を拠点に親が仕事を持ち、収入を得たり、やりがいも感じたりすることができる方法を紹介します。

親の仕事の選択肢

●雇用型の在宅勤務

現在勤めている会社に対し「在宅勤務にできないか」と交渉してみるのもひとつの方法です。在宅勤務とは、その名の通り自分の家で働くことで、企業と雇用契約や請負契約などを交わし、その契約の内容に沿って自宅で業務を行うことを言います。

総務省のＩＣＴ利活用促進の一環としても在宅勤務（リモートワーク・テレワーク）が促進されており、その意義として「家族が安心して子どもを育てられる環境の実現」も挙げられています。

●在宅ワーク①　フリーランス・ネット事業・ネット販売

フリーランスとは、組織に属さずに自由な契約で仕事をすることです。

自宅を拠点に在宅でできる仕事としては主にライター、ウェブ編集やデザイン制作、ブロガー、プログラマーなどがあります。以前は対面が多かったコンサルティング業もネット上で宣伝・販売しメールやスカイプ等でやりとりすることができます。

もちろんこの限りではなく多くの職種がネットで収入を得る可能性を秘めています。自治体の起業相談窓口で相談しヒントを得ることもできます。

●在宅ワーク②　クラウドソーシング

仕事をしてほしい人と仕事をしたい人をインターネット上でつなぐ「クラウドソーシングサービス」が普及しています。データ入力、ライティング、文字起こし、ＤＴＰ、デザイン、エンジニアリングなどの仕事をインターネット上で受注し期間内に終え提出することで収入になる仕組みです。

在宅ワークの場合、労働時間や作業手順は決められていないため、日中家で子どもと生活を送りながらマイペースに行うことができます。

雇用型の実例

リモートワーク契約をしたＡさんの例

子どものことと、自分の勤務ストレスや体調のこともあり、会社にリモートワークを申し出ました。話し合いにより週に２日は出勤、３日は在宅で働けることになりました。出勤の日は実母に子どものことを頼んでいます。このスタイルがうまくいって軌道にのれば週１日、または２週に１日の出勤で働けるよう改めて相談するつもりです。

フリーランスの実例

在宅でブログ収入を得るＢさんの例

小４の子どもが不登校になり、文具メーカーの仕事を辞めました。今は日中子どもがデスク学習をするタイミングに合わせて毎晩３時間程パソコンに向かい情報ブログを書いています。元々文具が好きで詳しいこともあり、おすすめの文具やマニアックな話を書いたところ反響があって収入にもつながりました（月３～４万円）。自分のやりがい、楽しみにもなっています。

ネット販売の例

個人の制作物や仕入れ品をネットショップで販売し、収入を得る方法もあります。販売するごとの手数料は数パーセントかかりますが、入会金・月額費用がない販売仲介サイトが主流です。決済システムも仲介サイトに準備されています。

ネット事業の注意点

インターネットを介した仕事はローリスクで始めることができますので、まず、トライしてみる価値はあります。自分の得意なことや専門性のあることから収入につながることがないか、考えてみてはどうでしょうか。

ただ、在宅ワークを希望する人を対象にした詐欺行為も横行していますので、「自宅で簡単に収入になる」という情報は、発信元が信頼のおける団体・機関かどうかをよく確認しましょう。

クラウドソーシングの種類

1．総合型クラウドソーシング

クラウドソーシングにも色々な種類があります。一番有名なものが、総合型クラウドソーシングです。例として下記の２つをご紹介します。

・ランサーズ　https://www.lancers.jp/
・クラウドワークス　https://crowdworks.jp/

仕事の仕方は、アンケートやデータ入力を多人数でやる『タスク方式』から、発注者の依頼に対し受注する側が応募し、交渉する『プロジェクト方式』、発注者からの依頼に対して、受注する側が成果物を直接提案し、発注者が採用する成果物を選んで報酬を支払う『コンペ方式』があります。

タスク方式はアンケートやデータ入力といった簡単なものからありますので、初心者はここから始めてみるのがおすすめです。

※特に主婦におすすめのクラウドソーシング
・シュフティ　https://app.shufti.jp/

シュフティの仕組みは他のクラウドソーシングサイトと同じですが、その中でも未経験者のためのサポート態勢が充実しています。主婦向けの仕事が多く、システム手数料が10パーセントと他より安いこともあり人気があります。

クラウドソーシングが全く初めての方におすすめです。

※語学が得意な方におすすめのクラウドソーシング
・Conyac（コニャック）https://conyac.cc/ja

Conyac（コニャック）はバイリンガルの方や語学が得意な方が、その能力を活かして動画・音声制作、文字起こし、文章当て込みなどのさまざまな仕事が受注できるプラットホームとなっています。

また、語学が大好きなユーザー同士が繋がれる学習コミュニティもありますので、スキルアップを図りながら仕事を受注することもできます。

語学が得意でしたら、ぜひこちらに登録してみてください。

2．アウトソーシング型

・キャリア・マム　http://www.c-mam.co.jp/
・ママ職　https://www.mamashoku.com/
　在宅型アウトソーシング会社に登録し、その会社が請け負う仕事を、在宅ワークでする方法もあります。

　営業活動や依頼主とのやり取りはアウトソーシング会社が引き受けてくれるため、受注者側はアウトソーシング会社の指示で動きます。そのため、個人でやる仕事の他にチームで行う仕事もあり、より効率的に仕事ができるメリットがあります。

　また、在宅ワークに関連するセミナーなども開催されますので、初心者でも安心して仕事が始められます。

3．特化型クラウドソーシング

　一つのスキルに特化したクラウドソーシングです。

　特化型には、今までやってきた仕事のスキルが活かせるものもあります。例えば、ライティングやデータ入力などは経験のある方もたくさんいらっしゃるでしょう。また、特技を活かして、写真やイラスト素材特化型、動画制作特化型などに登録する方法もあります。

　特化型はこの他にも多数ありますので、ご自身に合うものをぜひ探してみてください。

※サイト紹介
・ライティング特化型
ザグーワークス　https://works.sagooo.com/
Sinobi ライティング　https://crowd.biz-samurai.com/
Repo（ルポ）　https://www.repo.ne.jp/

・データ入力・ライティング・文字起こし特化型
在宅ワークス　https://zaitaku-workers.com/

・写真、イラスト素材特化型
写真 AC　https://api.photo-ac.com/creator/auth/register
イラスト AC　https://www.ac-illust.com/creator/resist.html
PIXTA（ピクスタ）　https://pixta.jp/how_to_sell

・動画制作特化型
Collet（コレット）　https://www.co-llet.com/lp/creator

４．知識・スキル・経験販売型クラウドソーシング

ココナラ　https://coconala.com/
　ココナラは、知識・スキル・経験といった「得意」を売り買いするフリーマーケット。会員数は95万人。累積の取引件数が210万件を超え国内最大級のスキルのマーケットプレイスに成長しています。

　他のクラウドソーシングとは違い、まず受注者側が価格と自分のスキルを決めて売り出す（出品）ことから始まります。

　依頼者側は出品者の中から自分にピッタリのサービスを見つけて購入します。

　500円から50万円までの価格設定を自ら設定することが出来、本人が納得した価格で提供することが可能なのが特徴です。

　ココナラは、「ロゴ制作・翻訳・ナレーション・起業の相談」といったビジネス的な出品から、「似顔絵・占い・ファッション相談・子育て相談」といったプライベートな相談まで、バリエーション豊富なサービスが売買されている新しいタイプのマーケットプレイスです。自分にしかない経験や知識も販売できる可能性があるのが特徴です。

主婦特化型求人サイト

　ママワークス　https://mamaworks.jp/
　ママワークスは、在宅で働きたい主婦に特化した就労サイトになります。他のクラウドソーシングサイトと違い、企業からの求人に直接応募する形で、採用されると仕事スタートになります。また、直接契約のため、システム手数料なども発生しません。
　在宅ワーク中心なので、電話やメールを活用し、面接もビデオ会議ツールを利用するなど、出社せずに済む求人があるため、条件の合う仕事があれば応募する価値があるでしょう。

在宅ワークスキル獲得までの支援

もし何もスキルがなかったとしても、これから在宅ワークスキルを身に付け、そしてさらに資格を得ることもできます。

1．試験会場に行かず、自宅で受験できる資格

自宅にネット環境とパソコンがあれば、試験会場に行かずに受験できる資格があります。

近い将来の再就職のときに慌てないように、自宅でスキルアップを目指すことができます。

いくつかピックアップしましたが、ご紹介したもの以外にも、まだまだありますので、ぜひ探してみてください。

・情報処理系
　CAD 実務キャリア認定制度
　ドットコムマスター BASIC
　インターネット実務検定試験
　パソコン能力評価試験
・事務系
　実用マナー検定
　タイピング検定イータイピングマスター
　敬語力検定
　文字起こし技能テスト
　「テープ起こし」検定試験
・医療系
　医療事務認定実務者（R）
　調剤薬局事務
　医科 医療事務管理士（R）
　看護助手
・介護系
　認知症介助士
　介護予防健康アドバイザー
　レクリエーション介護士２級
　准サービス介助士

・生活系
　整理収納アドバイザー
　野菜スペシャリスト
　食育実践プランナー
　薬膳コーディネーター
　パーソナルカラリスト３級
　愛犬飼育スペシャリスト
・心理系
　チャイルドコーチングアドバイザー
　メンタル心理カウンセラー・上級心理カウンセラー
　アンガーコントロールスペシャリスト
　キャリアカウンセラー・メンタルキャリアカウンセラー・シニアキャリアカウンセラー

2．ハロートレーニング「離職者訓練、求職者支援訓練」

ハローワークで行っている求職者支援です。

① 公共職業訓練（離職者訓練）

主に雇用保険を受給している求職者の方を対象に、就職に必要な職業スキルや知識を習得するための訓練を無料（テキスト代等は自己負担）で実施しています。

小さなお子様のいる方向けに、一部託児付きの講座もあります。

② 求職者支援訓練

雇用保険を受給できないが働く意志のある方、雇用保険受給が終わった方など、働く方すべてが対象の訓練制度です。ハローワークで手続きすれば受講料無料（テキスト代等は自己負担）で訓練が受けられる制度です。

やむなく仕事を辞めた場合、子どもを見守りながら働けるスキルを無料で身につけることができます。

ただし、修了後は雇用保険に加入できる仕事に就くことが条件になります。

小さなお子様のいる方向けに、一部託児付きの講座もあります。

また、ハローワークにも、在宅ワークの求人があります。選択肢の一つとして、就労相談することも視野に入れておきましょう。

参考：厚生労働省
https://www.mhlw.go.jp/stf/seisakunitsuite/bunya/koyou_roudou/jinzaikaihatsu/rishokusha.html

３．公的制度

① 退職する前にできること

退職する前に介護休業の申請を

子どもが突然不登園や不登校になり、その見守りで会社へ出勤できなくなった場合、退職するという選択を迫られることになります。しかし、退職すれば収入がなくなり、経済的な不安も抱えてしまいます。

そこで、退職する前に、介護休業を取得するという方法があります。

介護休業とは労働者が要介護状態（負傷、疾病又は身体上若しくは精神上の障害により、２週間以上の期間にわたり常時介護を必要とする状態）にある対象家族を介護するためにする休業のことで、対象者となる家族の範囲は、配偶者（事実婚を含む）、父母、子、配偶者の父母、祖父母、兄弟姉妹及び孫となっています。

ですので、子どもも介護の対象になるのです。

取得できる日数は対象家族一人につき１回93日、３回までを上限として利用できます。

子どもの精神状態はすぐに回復するものではありませんが、この制度を利用し、休業して様子を見るということも一つの方法です。

一人で悩まず、一度会社の人事部等に相談してみることをおすすめします。

参考：厚生労働省　育児・介護休業制度ガイドブックより
https://www.mhlw.go.jp/bunya/koyoukintou/pamphlet/pdf/ikuji_h27_12.pdf

② 退職した時にできること

・失業手当の『受給期間の延長』

HSCのお子さんの場合、母子分離不安が強く出て親と離れて留守番することが難しく、すぐに仕事に就けないことがあります。

このように、子どもの精神状態が不安定で、すぐに求職活動ができない場合、その理由を証明する書類等の提出で、失業手当の『受給期間の延長』という制度が利用できることもあります。

この制度は、受給期間内（原則として離職日の翌日から１年間）に病気、けが、妊娠・出産・育児、親族・子の看護、配偶者の海外転勤に同行する等の理由で30日以上職業に就くことができない状態が続く場合、受給期間満了日を先に延ばすことができるというものです。

所定の手続きで最大３年間延長できます。

手続きには、雇用保険受給資格者証、受給期間延長申請書と、その理由を証明する書類（診断書など）を提出します。詳細はハローワークにご相談ください。

参考：ハローワークインターネットサービス
https://www.hellowork.go.jp/insurance/insurance_ basicbenefit.html

◇将来の見通し

ここでは、義務教育修了後の進路について考えてみたいと思います。

小・中学校を通して不登校だったが全日制高校へは通っているという人も大勢いますから、そこは本人の希望に沿った進路を選んで良いと思います。

しかし一方で、「大学へ進学したいから高校を卒業しなきゃ…だけど全日制の高校へ通えるだろうか…」という心配もあるかと思います。

そのような時に、選択肢として大まかに以下の５つが考えられます。

・定時制高校を卒業する
・通信制高校を卒業する
・高卒認定試験に合格する
・「特例校」を選ぶ
・高等専修学校を卒業する

いずれも高等学校修了相当の学びが得られ、大学受験の機会が与えられます。

それぞれの違いや特徴について以下で詳しく見ていきます。

<定時制高校>

「夜間その他特別の時間または時期において授業を行う課程」とされています。かつては中学卒業後に就職した青年が高等教育を受けることのできる制度としてスタートしました。しかし現在では、その他の理由で全日制に通うことが困難な生徒も数多くいます。

・入学試験………国語 / 英語 / 数学 / 面接
・初年度費用………公立　年７万円～　私立　年50万円～
・登校日数・時間帯等………週５日・夕方から（１日４時間程度、給食あり）
・修学年数………３年以上

<通信制高校>

文字通り、「通信による教育を行う」高等学校です。

とはいえ、面接指導（スクーリング）への出席を求められる学校が多いです（文部科学省が認可している通信制高校は「面接指導」を必ず行うよう定められています。特別な配慮の下、スクーリングを行う高校やスクーリングがない高校については後述します）。スクーリングの方法や日数は、学校によって様々ですので、自分に合った学校選びが重要です。また、通信制サポート校を併用する生徒が増えています。

通信制高校では、全日制や定時制と違い、自学自習が基本となります。そのため、学習面・精神面・生活面でのサポートをしてくれる機関として重要な役割を果たしているのが通信制サポート校です（サポート校は、法的に認可された「学校」ではありませんので、サポート校のみの利用では高卒の学歴取得はできません。その点注意が必要です）。

・入学試験………書類選考 / 作文 / 面接
・初年度費用………公立　年５万円～　私立　年25万円～
・登校日数・時間帯等………自由（週１日、隔週１日、年５日程度の合宿形式、月２回の動画授業など様々）
　１コマ４５分単位、100分×３コマなど様々。
・修学年数・・・３年以上（公立校では、修学年数４年以上を基本とするところも多いが、「単位制」の導入により３年で卒業できる可能性のある学校もある）

不登校のＨＳＣとスクーリング

通信制高校はまったく学校に行かなくていいというわけではありません。スクーリングと言って最低限決められた日数は学校に行って授業を受けなければならないのです。日数は学校によって異なり、年間で20日程度、週に○日、合宿スタイルで３泊４日など様々です。

学校に通うことがトラウマになっている子や、回復のための重要な休養期間に当たる子にとっては、自宅にいて高校卒業資格が取れる通信制に希望を抱いても、たとえ１日でも必ず登校が必要という現実に、不安や失望を抱くかもしれません。

実際に対人関係などの悩みで通信制高校を選んだのに、スクーリングで傷を深めてしまったというケースもあります。

ここでは気になるスクーリングに注目して２つの通信制高校を紹介します。

◆親子スクーリングができる通信制高校

【ルネサンス高等学校グループ】https://www.r-ac.jp/

●ルネサンス高校は、メディア学習を取り入れることで、年４日（３泊４日）のスクーリングで卒業することができます。
●一人での参加が不安であれば、保護者の方と一緒に参加できる親子スクーリングに参加することが可能です。宿泊型スクーリングの場合は親子で１部屋確保され、家族旅行をするようなイメージで参加できます。親も一緒に授業を受けられる、体験学習などにも参加することができます。
●ルネサンス高校は生徒の年齢も幅広く、成人の方だけに案内をしている回や、親子で参加されたい方限定の回など、幅広いニーズに応える形でスクーリングを開催しています。
●授業料の一部を国が負担する「高等学校等就学支援金制度」の対象校です。
※ルネサンス高等学校グループは3校ありますが、大阪校は主に通学タイプとなります。

◆スクーリングがない通信制インターナショナルスクール

【東京インターハイスクール】http://www.inter-highschool.ne.jp/

●東京インターハイスクールは、通学０日でアメリカ合衆国ワシントン州の高校卒業資格が取れる通信制インターナショナルスクールです。
●英語または日本語で学習して単位履修できるので、米国の高卒資格を目指す中で日本の高等学校卒業程度認定試験（旧大検）合格に向けた学習をすることもできます。
●ホームスクールの学習だけでOK。ホームスクーラーのための学校です。
●東京インターハイスクールを卒業するとアメリカ合衆国ワシントン州公認の私立高校の卒業資格が取得できます。
●卒業生たちは国立東京外語大学を始めとした国内の有名私大（早稲田大学、慶応義塾大学、上智大学、法政大学、同志社大学、その他多数）に進学、海外に留学、また、芸術、芸能、スポーツ界などそれぞれの専門分野で活躍しています。
●日本の通信制高校と大きく違う点は、スクーリング（義務的登校日）がないという点です。
●自分の頑張り次第で３年待たずに早く卒業ができます。
●ジュニアコース（中１・中２年生対象プログラム）があり、母校のホームスクール学習システムを日本文化と習慣に適応させ、子どもたちが自由に楽しくホームスクールを実践できる環境が整っています。

＜高卒認定試験＞

正式名称は「高等学校卒業程度認定試験」です。様々な理由で高等学校を卒業できなかった人の学習成果を適切に評価し、高等学校を卒業した人と同等以上の学力があることを認定するための試験です。

合格すると以下のようなメリットがあります。

・大学、短大、専門学校の受験資格が与えられる。
・履歴書の学歴欄に「高等学校卒業程度認定試験合格」と書くことができる。

ただし、全日制、定時制、通信制高校と比べて以下のようなデメリットもあります。

・「高卒資格」ではないので、学歴としては「高卒」にはならない。
・大学等を受験する時に「成績証明書」など各種書類を自分で申請してそろえなければならない（高校だと担任の先生などが用意してくれる）。

試験科目や実施時期など詳細は文部科学省のホームページに掲載されています。

＜特例校＞

「不登校児童生徒を対象とする特別の教育課程を編成して教育を実施する学校」とされています。
文部科学省の指定を受けている特例校は全国で12校、そのうち高等学校は私立のみで、以下の２校です（平成30年度現在）。
・鹿児島城西高等学校普通科（ドリームコース）（鹿児島県日置市）
・日本放送協会学園高等学校（東京都国立市）

また、このほかに、各都道府県が独自に特別な配慮を必要とする生徒に合わせた教育内容を実施すると指定した高校もあります。

参考：文部科学省ホームページ

<高等専修学校>

中学校卒業後の進路として、子どもの個性や特性に柔軟に対応する高等専修学校が注目されています。

高等専修学校は、1976年（昭和51年）に新しい学校制度としてつくられた専修学校[※1]のうち、中学校卒業者を対象とした課程です。

不登校経験者の学びの場として、近年、その支援の拡充を積極的に進めている自治体もあります。

主な特徴は以下の通りです。

○　学習指導要領や教員免許の適用は受けず、多様な職業や生活のニーズに対応する教育に取り組んでいる。実践重視のカリキュラムを展開。

○　定時制・通信制高校と違い、全日制高校と同じような生活時間帯で通うことができる。

○　多くは「技能連携校」として、通信制高校などと同時に学べる（「通信制高校」のところで述べた「サポート校」の機能を持っている）。

○　大学入学資格が得られる「大学入学資格付与校」もある。

学費について

学費は、学校によって差がありますが、一般的な私立高校と同程度と考えておいて良いでしょう。

さらに、「高等学校等就学支援金制度」が適用されるため、私立高校に通わせるのと同程度の減額が受けられます（支給限度額は保護者（親権者）の収入によって決定されます）。

また、修業年限３年以上の場合は、通学定期が使えます。公共施設等での学生割引も利用できます。

大学入試資格付与指定校制度

大学入学資格付与校を卒業すると、専門学校（専修学校専門課程）・大学・短期大学への道が開けます。要件は以下の通りです。

①　修業年限が３年以上※２

②　卒業に必要な総授業時間数が2,590時間（74単位）以上

などの要件を満たし、かつ文部科学大臣が指定した学科の修了者

不登校経験から進学する生徒も多いため、一般の高校に比べて生徒に対する支援が手厚い学校が多く、高等専修学校は自分らしい学びの場としての可能性を秘めています。今後、さらなる行政からの支援拡充に期待したいところです。

参考：文部科学省パンフレット「高等専修学校　あなたの夢へもう一つの近道」

※１　一般的に「専門学校」と呼ばれる学校。

※２　高等専修学校の修業年限は学ぶ内容により「１年以上」と定められているところもあります。

高校・大学への進学を選ばない道

高校や大学への進学を選ばない道もあります。本来、ＨＳＣは、個性的でクリエイティブな魅力や才能を持っていることが多く、その子に合った環境や関係を選択できていれば、その子らしさが発揮され、自己肯定感や自己価値が削がれることなどないのです。

「自己肯定感がしっかり育まれていれば何も遅いということはない」「今はインターネットがあるから、人付き合いが苦手でも、家にいて仕事ができるようスキルを身につけるのがいい」といった柔軟な考えも多く聞かれます。

一方で、学校に適応することを求められてきた方にとっては、大多数のみんなと違う道を選択することにはかなりの勇気が必要という声があるのが実情です。しかし、高校や大学に行かない選択をしても、仕事（生き方）は様々あります。

例えば、「漫画家」「イラストレーター」「Ｗｅｂデザイン」「フリーランス」「在宅ワーク」「執筆家（ライター・作家など）」「主婦」「農業」「ケアワーカー」「書店員」「アルバイト」「起業」「料理人」「家事代行」「動物に関わる仕事（飼育員・トリマー）ｅｔｃ……気質に合った仕事や環境を見つけ出す、作り出すことができるよう、本書が道筋をつけるための「安心材料」の役割を果たせたら幸いです。

インタビュー❸～学校に行かない選択の安心材料を求めて～

佐渡島庸平さん

2002年に講談社に入社し、週刊モーニング編集部に所属。『バガボンド』(井上雄彦)、『ドラゴン桜』(三田紀房)、『働きマン』(安野モヨコ)、『宇宙兄弟』(小山宙哉)、『モダンタイムス』(伊坂幸太郎)、『16歳の教科書』などの編集を担当する。2012年に講談社を退社し、クリエイターのエージェント会社、コルクを設立。現在、漫画作品では『オチビサン』『鼻下長紳士回顧録』(安野モヨコ)、『宇宙兄弟』(小山宙哉)、『テンプリズム』(曽田正人)、『インベスターZ』(三田紀房)、『昼間のパパは光ってる』(羽賀翔一)、小説作品では『マチネの終わりに』(平野啓一郎)の編集に携わっている。コルクラボというオンラインサロンを主宰。

●できないことを克服するよりも、すでにできる何かを伸ばす方が生きやすい時代がきている

斎藤) 集団生活の中では、HSCは生きづらさを感じやすいのですが、どのように社会と関わっていくと生きやすくなるとお考えでしょうか?

佐渡島さん） 今までは、小さい時、学校やコミュニティの中で自分のポジションを見つけないとうまくやっていけないということがあったと思います。

集団が苦手だと言ってしまうと、社会に出たとしても自分の仲間を見つけるのが難しいし、たとえコミュニティに入ったとしてもその中でポジションを得ない限り、仕事が得られなかったんですよね。仕事をするということはコミュニティに合わせるという行為でもあったんです。

それが今では、ネットの中で、例えば、色々なことを我慢しないで、一人で何か好きなことをして、それを見た人が投げ銭みたいなものをくれたり、ブログなどを書くことでアフィリエイトで収入を得られたり、どんな形であっても一人でツールを使って食べられるという時代がきたんです。

だからどちらかというと、何かできないことを克服するよりも、すでにできる何かを伸ばす方が生きやすい時代がきているということだと思います。

でも、その変化自体に親の世代のほとんどが気づいていないのです。親の世代は結局自分たちが受けた教育の方がいいだろうなと思ってしまうわけなんです。

●「まずはオンラインでつながる」という時代になっていく

斎藤》 コミュニティというと、オンラインとオフラインの活動があります。やはりオフラインでリアルに会って仲間と接することができるといいなと思うのですが、私はオンラインで、どんな僻地に住んでいても、望みさえすればそこに入って居場所をつくれるという形でやっていきたいと思っています。そのようなオンラインのみのコミュニティについてはどう思われますか？

佐渡島さん》 これからは、まずはオンラインでつながることが普通になって、オフラインでは一部の、本当に親密な人としか会わないというふうになっていくと思います。

しかし、まだツールが、今はまだ不便ですから、すぐに、ということではないでしょうね。例えば、ＺＯＯＭ（Ｗｅｂミーティングアプリ）でもハウリングしたらすごくストレスを感じます。それにオフラインだったら喋るときには携帯を触らなくてもすみますが、オンラインだと喋っている時にずっとパソコンや携帯を触っているということがあります。

その場合、深い話まではたどり着けないということが起きやすくなったりします。まだオンラインコミュニケーションに全員が慣れていないですからね。

でも10年後、20年後、もしかしたら、そんなに時間はかからないかもしれないですが、全部のコミュニケーションをオンラインで行う時代がくると思うので、そこにどうやって早く慣れておくかというのが、僕らの世代にとっては、若々しくあるためにも重要だと思うんですよね。

その時代には、オンラインコミュニケーションを取る量が減ると情報にすごく遅れてしまうということが起こると思います。ですから、今からオンラインコミュニケーションで知り合った人とでも信頼関係を築くことができるようになっておくと、すごく役立つと思いますよ。

第6章

生まれ持った個性を花開かせる子育て

第６章では、HSC が成長していくにつれて、どのような人生の選択をすることが生きやすさにつながっていくのか、考えていきたいと思います。

●「社会性」を問う

「どうして学校に行かなければならないの？」と、子どもに聞かれた時に浮かんでくる、学校に行く理由を答える言葉の中に「社会性」があるのではないかと思います。

実際に、子どもが学校に適応しない、もしくは行かなくなった時、「社会性が身につかず、将来社会に出てやっていけるのか」という心配が湧きます。

では、「社会性」とはいったい何でしょうか？

学校で身につける必要があるもの、と答える人は多くいらっしゃるでしょう。しかし、学校で身につけるべきとされている「社会性」がどうしても合わずにつらい思いをしている子どももいるのです。

学校とはまた違った〝ものさし〟で、その子どもたちに合った「社会性」とは何なのかを考えておくことは大切です。

実は「社会性」という言葉には定義がないと言います。ですからサイコロのように、どの面を見るかで捉え方や意味合いが変わってきます。

実際に多くの学校では、将来子どもたちが企業や組織などで力を発揮して活躍するための「適応力」、つまり集団や組織の仕組みに合わせられる「良い社員」をイメージするような「社会性」が求められています。

一方、第3章の座談会で紹介したマナさんの息子さんの言葉に、それとは異なるヒントがあるのではないでしょうか。

「学校は、せっかくたくさんの人が集まっているところなのだから、それぞれ楽しいと思うことをやって、楽しい思いや時間を共有したりしたい。でもそれができない。みんなが学校に必ず行かなきゃならないと思っている理由がよくわからない」

周りのみんなが学校の決まりやペースに合わせるので精いっぱい、ピリピリしている、思いや時間を共有できない……そのような学校、その延長線上にある将来に希望を失い、「生きている意味がない」といった内容のことを言うのです。

その言葉を聞いて、学校の存在意義はもちろんのこと、「社会性」の概念について考え直させられました。

求められる「社会性」よりも大切にしたいもの

ＨＳＣの多くの子どもにとって、「共感」や「共有」が想像以上に大事なのだと実感することが多々あります。

より深い親密性や温かい心の交流を求め、その関係性の中から自らの存在意義を見出そうとする、本能的な性質・傾向を持っていると感じます。

集団や組織をつくり、幅広く他人と関わって生活しようとする本能的な性質・傾向ではなく、上下が無く対等で安心できる特定の人との関係を求めているのです。

わかりやすく言えば、外向型の人間を基準にした、幅広く交友関係をつくることに価値を置くコミュニケーションとは異なり、自分が交流を深めたい相手を選び、かつその相手と深いところでつながって喜びを感じられるようなコミュニケーションに生きがいを見出す傾向を持っているということです。

前述のマナさんの息子さんの思いは、まさにこのことを表しています。

このように、世の中で一般的に求められているコミュニケーションと、HSCにとっての心地良くて必要なコミュニケーションとの間には質的な違いが見られるのです。

NOが言いづらいのはやっぱり生きづらい

社会は多数派の人たちの在り方を基準につくられています。

そして、外向型を理想とする人たちのほうが多数で、私たちはその外向型の人間を理想とする価値観の中で当たり前のように生活しています。

しかし、多数派の人たちには想像もつかない生きづらさを抱えながら生きている子どもが、少数派であるHSCの中に存在するのです。

例えば、本人が身を置く環境に気質が合わない「こと」・「人」が存在する場合（過去のストレスやトラウマに関連した「こと」・「人」が重なる場合もあり得る）、ストレス反応が起きたり、不安や憂うつ感、過度の対人緊張などの症状が起こりやすくなったりすることも、本人でなければわからないつらさです。

それらの症状に対して、一般的には薬で症状を抑えたり、学校に戻すことや社会性の中で生きることを前提とした働きかけがなされたりします。

例えば、「ポジティブな言葉やイメージ、思考を取り入れていく」「認知（ものの捉え方、考え方）や行動を変化させていく」などを提案されたりします。

また、ＮＯと言うことや自己主張することを勧められます。

それも確かに大事なことですが、たとえ「何でも言っていいよ」と言われても、やはりそこに合わないニーズを言葉に出すことは、その発言に対する新たな反応という大きなリスクがあると考えるのが本当のところです。

自分の心に正直で誠実なＨＳＣは、好き嫌いに対しても心は正直に反応しますから、先生でも友だちでも授業でも、嫌い・苦手をはっきりと感じてしまいます。

ではどうすればいいでしょうか？

「気にしなければいい」「みんな色々あるけど我慢して頑張っている」と言われても、嫌い・苦手を我慢しなければならない状況はＨＳＣにとって刺激となり、ストレス状態が持続します。

感じ方も影響も人それぞれ違うのですが、そこはやはり本人でないとそのつらさはわかりません。

感じたことをありのまま表現することで漂う、「おかしなこと」「わがまま」「柔軟性がない」といった、周囲の心の中の評価もまた、ＨＳＣは感じ取ります。そして希望を失っていき、「誰もわかってくれない」「生きている意味がない」と口にするのです。

ＨＳＣにもタイプは様々あります。判断は難しいかもしれませんが、できれば親御さんが、またそうでなくても誰か一人でも、その子が感じているありのままの感覚や気持ちにしっかりと向き合い、その子の魂が本当に求めていることが何なのか、じっくりと一緒に考えてくれる存在が必要だと強く強く思っています。

個性を花開かせるための環境

私はＨＳＣの本質を次のように捉えています。

・本来ＨＳＣは、自分のペースで「自発的」に「主体性」をもって自分らしく生きることに生きがいを感じる子である。
・本来ＨＳＣの気質は、人から管理（コントロール）されたり、やりたくないことをやらされたり、押しつけられたりするなど、その子の独自性が阻まれることを強烈に嫌がるほどの「強い個性」である。

そういう視点で見てみると、その子の反応・言葉・態度にはきちんと意味やメッセージがあることに気づかされることがあります。

人は誰でも、天から与えられた資質（天賦）を持って生まれてくるはずです。ＨＳＣは、その資質を完全な姿へと発展させようとする力が強いというふうにも捉えています。生まれ持った独自の気質が、その子の個性として花開くかどうか。そのことに対し、その子を取り巻く環境の影響は非常に大きいと考えられます。

●〝慣れさせる〟ことは、HSCにとって必要か

『少しずつ、慣れさせていけばいい』

これはよく耳にする言葉です。

そして…

『少しは打たれ強くならないと世の中渡っていけない』

HSCの、とても敏感で感受性が高い性質は、生まれつきのものです。そのため、刺激に対する〝慣れ〟が生じにくく、打たれ強くなるという発想があまり通用しません。

自分の気質に合っていない環境であれば、なおさらです。むしろ打たれ強くするために

抑圧したものの反動や代償の方が大きいのです。

この〝慣れ〟については、本当に注意が必要です。

例えば、学校などの環境に入っていく際に、子どもが躊躇していたとします。もしも誰かの期待に応えようとするのではなく、子ども本人が自発的な意志に基づいて自分の求める環境に慣れていくことが必要であると認識しているのであれば、親が、子どもが勇気づけられ後押しされるような言葉をかけても問題ないと思われます。

一方、問題になるのは、そういった場合の多くが子どもの自発的な意志に基づいて選択されたものでなく、それ以外に選択肢がないところに子どもが置かれてしまうということです。

その置かれた境遇や状況に対して、それ以外の選択肢がない場合に出てくるのが『子どもの将来のためには、苦労を学んで打たれ強くなることも必要』『集団に揉まれながらそのうち慣れていくものだ』という言葉です。

多くの人はそう考えるのですが、ＨＳＣの場合は、慣れるのに非常に時間を要する、せっかく慣れてもまた新しい環境に変わったら振り出しに戻ってしまう、そもそも〝慣れ〟が見られず苦痛なままなど、HSCにとって、社会や教育のシステムが、とても不利に働くのです。

HSCの中には、目の前の状況から、素早くその意味を感じ取り、先のことまで読み取る子がいます。そして不安を感じるのです。

HSCにとって苦手と感じられることの多い運動会や発表会、様々な行事は学校につきものです。

それらがどんなに苦手でも、周りのすべての大人が、学校は行かなければならないもの、行事には参加するものと信じて疑わなければ、子どもはそれ以外の選択肢を持てません。

その子なりにサバイバル・スキル（生き抜くためのスキル）を身につけ、何とかやり過ごす子もいれば、苦痛に耐えながら、傷が上塗りされ、トラウマを抱えていく子もいます。

それは、先生やクラスメイトがどうであるかといった、運にも左右されます。

このように、刺激に対する反応や〝慣れ〟は、個々や状況によってそれぞれ異なりますが、目の前の環境に適応していく中で、性格は変わっても生まれ持った気質は変わりません。

敏感で繊細で傷つきやすい気質も変わらないのですから、特に〝慣れ〟が見られない場合は、やはりその刺激が不利に働くことが多くあります。ダメージが回復しないまま傷が重ねられていくことや我慢しながら無理して適応してきたことが災いし、正しいものの捉え方や適切な感情の処理の仕方が身につかず、大人になっても生きづらさや苦しみを抱え、様々な問題を引きずってしまうことも多々あるのです。

ネガティブなことを言っていると捉えられるかもしれませんが、これはむしろ、一旦しっかりとネガティブなこととして捉え、問題とみなしたほうがいいのではないかとさえ思います。

それは、今の社会のシステムが、ＨＳＣという概念が存在しないことを前提につくられているからです。

現実として目を向けるべきは、ＨＳＣにとって学校環境は過酷だということ。

だからこそ、学校という決められた場所のみに限定せず、本当にその子に合った居場所（環境）、学ぶ方法といった〝育ち方〟がないか、アンテナを立てて探してみたいものです。

そうすると、意外な気づきがあるのではないかと思います。

そこで立てるアンテナのイメージは、ＨＳＣの気質が尊重され、活かされ、自由で希望のある方法であるかどうかに向け周波数を合わせるイメージです。

子どもの気質に目を向け、早いうちから子どもの気質に合ったものを子どもとともに探しながら選んでいく習慣を身につけておくことが、子ども自身にとっての生きやすさにつながっていくということを私は確信しています。

本当に望むものを選んでいい、将来のことではなく、今何が必要か、それは子ども自身が感覚的にわかっている、そう信じてあげられることができるといいなと思います。

そしてその選択は、後悔や不安、ネガティビティ（消極的、自己否定的な心の状態）のない、自由で主体的で希望に溢れたものであってほしいと思うのです。

●〝克服させる〟ことは、ＨＳＣにとって必要か

『何とか、克服させなければ』

これもＨＳＣについての理解がなければ、何度となく頭をよぎる言葉です。

〝克服〟という言葉も、〝慣れ〟という言葉と同様に、目の前にそれ以外の選択肢がなく、自分の苦手なものと距離を取ることができない時に使われる言葉なのではないでしょうか。

中でも親自身の記憶の中に、自分が子どもだった頃の「学校に対する苦手意識」が存在している場合、現在直面している子どもの問題と過去の記憶が重なって、子どもの気持ちや立場で問題に向き合うことが難しくなる傾向があります。

そして子どもに対して「何とか学校に対する苦手意識を克服させよう」という方向に向かって頑張ってしまうことが多いのです。

実際に、学校に行くことを嫌がる（不登校の）ＨＳＣを持つ多くの親御さんに関わって

きてわかったことがあります。それは、親御さんのどちらか、あるいは両方に、かなりの割合で、過去に学校に対しての違和感や、学校生活の中で苦しみや葛藤を抱えてきたという経験があることです。

中でも、子ども時代に、「学校に行きたくなかった」、「学校が嫌で嫌でたまらなかった」というようなつらい体験をしている場合が非常に多いのです。そして「学校に行かなかったら将来苦労する」という考えに支配されているケースが多いのです。

自分には学校に対して苦手意識がないように思われていた方でも、子どもの不登校などの問題をきっかけにして、記憶の中から消し去られていたはずだった心の痛みが呼び起こされることがあります。

例えば、つらい体験をした時の感情・感覚が呼び起こされたり、窒息感・動悸などの症状として現れたりすることがあるのです。

これは、心の奥に閉じ込めてきたネガティブなイメージや感情が、子どもの問題との関わりの中で呼び起こされることによるものです。

子どもの問題を通して、自分が子どもの頃にした体験とそれに伴う感情・感覚の再現が起こっているということを表しています。

親の記憶の中に、自分の過去の学校に対する苦手意識（ネガティブな思い）が存在している場合、親自身が子どもの学校に関わること、例えば、先生との交流、ＰＴＡ活動や運動会などの行事に関わることなどが負担になっていることがあります。

その気持ちに蓋をして、見ないように感じないように心の中に押し込んでしまうと、行き場を無くしたネガティブな思いは、子どもへの干渉やコントロール、あるいは叱責という形で向けられやすくなるのです。

本当の意味で、親が子どもの気持ちを受け止めてあげられるためには、親自身が子どもの頃にさかのぼって、傷ついたまま取り残されている子どもの頃の自分の気持ちや感情・感覚を拾い上げながら受け止めていくことが必要です。

しかし、この作業は一人ではなかなかできるものではありません。心の支えになってくれる人（心の専門家など）のサポートの上で行われることをおすすめします。

子どもの頃の自分の立場に立って、ひとつひとつその時の気持ちや感情・感覚を拾い上げながら理解していくことが、子どもの気持ちに寄り添い、子どもの目線まで下りて考えられるということにつながっていきます。

そして、子どもの気持ちに寄り添って考えられるようになることで、さらに、傷ついたまま取り残されていた子どもの頃の自分の気持ちにまで寄り添って考えられるようになり、それは結果的に自分自身を癒すことにつながっていく、という循環が生まれるのです。その意味でもとても重要なことです。

●子どもの気質を知るということ

もしも、子どもが学校に行くのを嫌がったら、子どもの気質についてしっかりと知ることから始めましょう。

子どもの気質が、子どもが身を置いている環境や関係に合っていないために、ストレス反応が出たり、生きづらさを抱えたりしていないか見ていきましょう。また、人前や対人関係での緊張などを抱えていないかどうかも、見ていきましょう。

なぜなら、このストレス反応や生きづらさのみならず、人前や対人関係での緊張も、身を置いている環境や関係、あるいは状況に対して、HSCの気質が合っていないということを示している心の正直な反応だと考えるからです。

この「見極め」は本当にとても大切です。ですので、時間がかかっても構いません。

そして、子どもの敏感性・感受性がとても高く、集団や組織に合わないタイプだとわかったら、身を置いている環境や関係から離れることを含めた選択肢を考えてみましょう。

その時には、決して無理をせず、時間をかけて、自分たち親子のペースで進めてください。

学びや職業に関しても、学校や組織にこだわることなく、持って生まれた資質や個性を開花させられるような、その子の気質に合った方法や環境・関係を子どもと一緒に選択していきましょう。

●少数派だからこそコミュニティやつながりをつくることが大切

ここで、集団や組織から離れ、子どもの気質に合った環境や関係を選択しようとする時、少数派の子どもを持つ親御さんが直面しやすい問題があります。

それは、周りを意識し過ぎることによって、自分たち親子の選択が「社会の常識を無視した生き方」や「世間から外れた生き方」のように感じられ、劣等感や無力感に苛まれやすい傾向にあるということです。

これは、「社会」や「世間」から取り残されること、見捨てられることへの不安・恐怖を意識的、または無意識的に抱えていることが大きいと考えられます。

そのために「社会の常識という枠組み」「学校という枠組み」からはみ出すことが、親御さん自身の心の安定を脅かすものとなり、「学校に行かなかったら将来苦労するのでは」「社会から落ちこぼれたら生きていけないのでは」という考えに縛られてしまいがちなのです。

ですから、少数派だからこそ、同じ価値観を持つ人たちが集まるコミュニティや、自分の感じ方が肯定されるような人たちとのつながりが必要となります。

そのような人たちとの関係において、共感や共有を重視し、より深い親密性や温かい心の交流を深めていくことが、親子がともに幸せを感じることにつながっていきます。

第5章「学校に行かない選択の安心材料」にはコミュニティも含まれています。これは、自分たち親子の考え方に合ったコミュニティに出合うことが、自分たちの安心につながるからです。

筆者も「学校に行きたくないHSC」の親子たちがつながることで安心できる、自信を持てる居場所が必要だと思い続け、クラウドファンディングで募った仲間と一緒に、インターネット上に「HSC親子の安心基地」というコミュニティをつくりました。

それは、HSCの気質が妨げられないような子育てをしようとすると、世間（社会）の一般的な常識の枠に当てはまらない選択や判断を迫られることがたくさんあるからです。

例えば、何かの集まりや行事において、周りのみんなは参加するのにわが子だけは参加を拒む場合や、登校や習い事を拒否することなどもそうです。
一般的な常識にならうのではなく、子ども側の気持ちを尊重した判断は、世間や目上の人の期待や理想を裏切るように思えて、自分にはとてもできないと怖くなるかもしれません。

そのような時、親、特に母親は周りの意見と子どもの気持ちとの両方に対する責任を重く感じ取り、その間で板挟みになって心が潰されそうな気持ちになるものです。
そうするとどんな選択・対応をしたらいいかがわからなくなり、混乱してしまいます。情報を集めても、実際に判断し、行動するのは母親である自分です。そうなると、やはりその責任の重さや恐れで思考が働かなくなったり、身が固まってしまったりするのです。

ですから、少数派ではあっても同じ価値観を持つ者同士のコミュニティにおいて、自分の感じ方が肯定されるような人たちとの関係があると安心です。

誰か一人でも、ＨＳＣを理解し、ＨＳＣ側の気持ちに寄り添った考えを共有しながらサポートしてくれる存在があると、その母親の負担はグッと減ります。自分は一人じゃない、

ＨＳＣのすべてを肯定し、わかってくれる人たちがいるという実感を持てることでどれほど気持ちが楽になることか。そういう「人」「場所」「コミュニティ」などとつながることをおすすめします。

●脱学校を選択したわが子のこと

現在小学４年生に当たる息子は、ホームスクールで育っています。

息子はＨＳＣです。幼稚園時代、ＨＳＣの概念を私はまだ知りませんでした。息子の反応から、集団や組織の中で本人の良さが育たないことが徐々にわかっていきました。

本人が持つ気質は、その先に待ち構えている学校教育のシステムや、学校という環境には合わないということが、そういった環境に身を置くことで起こるストレス反応や本人の言動から、体験的に認識できていきました。

また、息子は、一般的に求められている、幅広く交友関係をつくること（友だちをたくさんつくること）に価値を置くコミュニケーションの取り方とは異なります。自分が交流を深めたい相手を選び、かつ、その相手と同じことを共有し、深いところでつながって共感じ合えるようなコミュニケーションに喜びや生きがいを見出しているということも認識できていったのです。

そして私は、ＨＳＣの多くが、自身の家庭の中に価値や幸せを求めているように感じています。

このことを踏まえた上で「息子が学んでいくための本人の気質に合った方法や環境は、ホームスクールである」という選択に私たち親が確信を持てたことは、私たち家族にとってとても大きかったと言えます。

このようにして本人も私たち親も、「学校を選ばない」という主体的な意志に基づいた決断ができていったというわけです。

よくそのような思い切った決断ができたものだと驚かれますが、決断を早められた理由のひとつに、与えられていた環境に恵まれていたことがあると思っています。

息子が通っていた幼稚園は公立ですが小学校と隣接し、小学校との交流も多い、沖縄では比較的一般的なプレ小学校のような環境でした。

校長先生をはじめ、幼稚園・小学校の先生方は、息子の繊細さや感受性の高さを理解し温かく受け止めて下さり、さらにクラスは少人数と、極めて好環境ではあったはずなのです。時間はかかりましたが、幼稚園には慣れ、楽しく通園した時期も実際にありました。

しかし、幼稚園と小学校が合同で行う運動会の練習あたりから母親の付き添いを必要とするようになりました。

ただ、それでも本人は練習を頑張っていましたし、本番に出ないと迷惑がかかる、何よりここで壁を乗り越えて頑張れば、達成感が得られ自信にもなるという親としての期待から、辞退することは選びませんでした。

しかし、本番が近づき練習が本格化すると発熱が見られたり、ある時は嘔吐をしたりという症状も出てきました。かなりのストレスだったようです。そして運動会本番を機に息子の笑顔が消え、何事にも楽しみや興味を覚えている様子が感じられなくなっていきました。

これは、みんなと同一のことをしなければ居場所がないような学校のシステムに対する拒否反応と精神的ストレスの蓄積によってもたらされた「心（精神）の疲労」で、うつの前兆と思われました。

ゆっくり休ませたらまた戻るのではないかと様子を見ましたが、幼稚園復帰を考えることが不幸に思える状態が続きました。

息子はこの出来事によって心（精神）が疲れてしまっただけではなく、ＨＳＣの気質・特性である直感力の鋭さや物事を深く読み取る力の強さから、先のことや学校（小学校まで）の仕組みがはっきりとわかってしまったところが大きく、未来への希望を失っていたのでした。

良い先生方と、園児・児童は少人数という人間関係に恵まれていても、学校のシステムや学校という環境が自分の気質に合っていないことを本人が感じている。それがはっきりとわかったことから、学校を選ばないという選択を早く決断できたのです。

息子のように敏感性・感受性が高いと、環境が自分の気質に合っていない時にダメージを受けやすく、そのダメージの回復にも時間を要します。

幼稚園を辞めてからの2年間は過敏性による反応が高まった状態にあり、外出を極度に嫌がりました。

彼はその時期を『脱皮中』なのだと教えてくれました。たとえて言えば皮膚が極めて薄く、柔らかい状態なのでしょう。反応の強さに戸惑うこともありましたが、彼の意志を全面的に受け止め、尊重しました。


そんな息子は、小学4年生に当たる現在、外出時の過敏な様子はもう見られません。脱皮の時期は通り過ぎ、好奇心に基づいてやりたいことを「自発的」に「主体性」をもって生きることで衣も硬くなってきているようです。

とはいえもちろんHSCの気質はそのままです。それが彼の生まれ持ったまっすぐ伸ばすべき個性なのですからそのままが一番なのです。


このようにして4年目を迎えたホームスクールですが、勉強にはあまり積極的ではありませんでした。

ある日ふと心配になって息子に聞きました。「大きくなってから、『学校に行きなさい』

とか『勉強しなさい』とか、なんでもっと強く言ってくれなかったの？　なんて言わないかなぁ」と。

するとと息子はひどく怒った顔をして、強い口調ではっきりと「何言ってるの？　自分で決めたんだ！」と言いました。

自分のことは自分が決めるというスタンスに疑いのない息子はきっと、必要なタイミングで必要なスキルを身につけ、自分のペースでゆっくりと自分という土台を固めていくのだと思っています。

息子は工作や絵画など、色々なことに興味を持ち、時には真剣な表情になって集中しながら、想像力を発揮しています。毎日が楽しそうで、ワクワク感がこちらにまで伝わってきます。

また最近は、オンラインツールを駆使して、県外に住む学校に行かないＨＳＣの子たちとつながり、大声で笑いながら、本当に楽しそうにゲームをして遊んでいます。

そして息子とは色々なことを話しています。驚かされるのは、自分の意志をしっかりと持っているということ。

中でも言葉や情報をインターネット（YouTubeやゲーム）から吸収するスピードの速さと、それを自分のものにしていっているというところです。

ＨＳＣについても理解していて、子どもの立場での話を聞かせてくれます。

この先、息子が学校へ行くかどうか、将来どのような職業・生き方を選ぶのかはわかりません。

しかし、自分の中から湧いてくる正直な気持ちに従って、気質に合った選択をしていく生き方をしたほうが健全に成長できると言える子がいるのです。

そのような子どもが成長した先には、ほかの人が良しとするものが自分には合わなくても引け目など感じず、〝自分〟のスタイルで生きられる、そういう生きやすさの土台を築くことができる選択肢があるということなのです。

近年、〝多様性〟が尊重されつつあるなど、世の中の潮の流れが少しずつですが変わってきています。

それぞれの個性に合った学び方が認められつつあるということです。

「学びの場は学校でなくても良い」

ホームスクールやフリースクールも、ひとつの選択肢として認められることによって、学びの形を選択できるといった制度が、少しでも早く実現するといいなと思います。

ここで私が言いたいのは、子どもに限らず、人には様々なタイプ（個性）があり、中には学校や組織などの集団で過ごす場が〝安全〟ではないと感じる子や人がいるということです。

そして、そのようなタイプの子や人が、〝多数派〟ではない選択肢を選び、本人にとって安全・安心と感じられる場に身を置くことは、とても理にかなっているということです。

自分らしく生きていくためには、これだけしかないと思っていた〝ものさし〟を捨て、選択の幅を広げることが必要なのです。

世の中の当たり前に当てはまらない価値観や考えを持つことは、少数派を選択するということを意味します。

多数派に属することが安全であると考え生きてきた名残は、ちょっとしたことで迷いや不安を起こさせます。

だからこそ、少数派を選択する理由や目的をはっきりさせ、納得して選ぶこと。そのための情報を求めること。

その上で、子どもを主役にし、子どもの気持ちや意見に聞く耳を持って、当たり前の概念にとらわれない選択肢を並べ、その子にもっとも合ったもの・ペースを選んでいくことが大切です。

●HSC・HSPが才能や能力を発揮できる職業とは

HSC・HSPは内面の世界に意識が向いていて、鋭い感性と想像性に優れているため、クリエイティブ（創造的）な仕事に向いています。

ただし、マルチタスク（同時にいくつかのことを抱えること）が苦手な傾向の人が多いようです。そのような人は、自分のペースでひとつのことをコツコツとこなせる仕事が向いているでしょう。

例えば、作家、画家、漫画家、イラストレーター、カメラマン、写真家、音楽家、デザイナー、インターネットを介した創作的活動や販売などです。特に、自営業やフリーランスなどとも相性が良いと言えるでしょう。

また、ＨＳＣ・ＨＳＰは、人の気持ちに寄り添ったり、その場の空気を読み取ったりするなど、思いやりや共感力・直感力に優れています。

繊細で細やかな気配りができるという長所を活かして接客などのサービス業や医療・介護職、心理カウンセラーなどの職種で能力が発揮されている人も多くいます。

ただ、知っておいていただきたいことがあります。

それは、ＨＳＣ・ＨＳＰの場合、１対１や１対２～３人といった、少数の人との関わりなら良いのですが、相対する人の数が多くなるほど、ＨＳＣ・ＨＳＰの持つ能力が発揮されにくくなったり、疲労度が増したりすることがあるということです。

医療・介護職や心理職、また、接客のようなサービス業など、相手との距離が物理的にも心理的にも近くなりやすい職業は、心身ともに非常に消耗することがあります。そのため、自分と他人との間に「境界」をつくるイメージを持っておくことが大事です。

なぜならＨＳＣ・ＨＳＰは、＊「自分と他人との間を隔てる境界」が薄い傾向が見られるため、相手の負のエネルギーや負の感情の影響を受けてしまうことがあるからです。特に相手のことを理解し、気持ちを汲み取ろうとしたり、相手に同情したりする、あるいは、相手の気持ちを損ねないよう自己犠牲的に相手に合わせ気に入られようとしたりする中で、過度に相手に意識を向け過ぎてしまうことがあります。

すると、知らず知らずのうちに勝手に相手の思いや感情などが自分の中になだれ込んできて、影響を受けてしまうのです。

このように、「共感」を超えて相手や周囲に過剰に同調してしまうことを『過剰同調性』と言い、ＨＳＣ・ＨＳＰはそうなりやすい傾向があるということです。

＊幼少期から身についている「相手（特に親）にとって都合の良い子として生きる習慣」「自分の気持ちを後回しにして自己犠牲的に生きる習慣」によって、（親とは別個の）独自のアイデンティティが育っていないため、「自分と他人との間を隔てる境界」を十分に育てることができずに、「境界」が薄いままであることが多くあります。

ある人と関わった後、「何か疲れた」「相手の嫌なものをもらった感じがする」などの漠然とした疲労感や違和感が残ったり、何かイライラして怒りっぽくなる、あるいは悲しくなって元気がなくなる、などの現象が見られたら、『過剰同調性』が疑われます。

相手との距離が物理的にも心理的にも近くなりやすい職種を選択する場合は、自分のことをよく理解して、「境界」や「適度」を心がけること。特に過度に相手に意識を向け過ぎてしまわないよう心がけることが重要です。

●学校に行かない選択をした子の将来の職業について

では、敏感性・感受性がとても高く、集団や組織に合わないタイプの子だとわかっている場合、その子の将来の職業は、どのように考えていけばいいのでしょうか？

ＨＳＣの気質に合った生きやすい道筋を考えた時にまず浮かんでくるのは、組織に縛られずに自分で稼ぐという仕事の選択です。

実際に学校に行けなくなった子どもが、自分の気質のことがわかって学校に行かない選択をし、それを親御さんにも理解してもらうことができたら、今までの「学校に行かなければならないのに行けていない」と思い悩むような後ろめたさもなく、自由に使える時間が一気に増えるわけです。

その時間を自分が好きなことを発見するために使うことができますし、すでに関心のあるものやハマりそうなものがあれば、それらのスキルを身につけ、収入にするためのノウハウを探していくこともできます。

繰り返しになりますが、学校に行けなくなった子どもに対して、「学校に行かなくてもちゃんと明るい将来はある」「あなたは今の環境にいるよりも、持って生まれた才能をもっと開花させることができる別の選択肢を選んだ方が良い」と語ってくれる人の存在と、「自分は大丈夫」「心配ない」と思うことができる『安心の基地』を構築する、ということがとても大切なのではないかと思うのです。

子ども自身が「自分は大丈夫」と思える、〝今〟、そして〝将来〟を構築していきたい。その土台となる安全で安心なオンライン上の居場所を、様々な方のお力をお借りしながら発展させていくことを私たちは目指しています。

●生まれ持った個性を花開かせる子育て

ひと昔前は、高学歴↓社会的評価の高い職業↓高収入または安定収入↓幸福という人生の経路を歩むことを願い、信じてやまない時代でした。そのため、学校に通って教育を受けることに何の疑いも持たなかったのです。

しかし時代は変わり、家族の在り方や環境、子育ての仕方も、私の子どもの頃とはだいぶ違ってきています。それに伴い、以前は「当たり前」だったものでも、徐々に通用しないものが出てきているのも事実です。

「当たり前」と言われているものを「当たり前」と思い続けて、それに合わせようとしたり、それを守ろうとしたりすることに、いち早く違和感や生きづらさを感じてしまうのも、敏感で感受性が高い気質を持った子どもなのです。

子どもが現在、身を置いている環境や関係の中で生きづらさや息苦しさなど、何らかの苦しみを抱えているようであれば、学ぶ場や学ぶ方法、働く場や働く方法に変革が必要です。

現実的に、ＩＴ技術の飛躍的な進歩が働く場を職場から家庭へと変化させることを可能にし、家庭で収入を得ることができるようになってきています。

また、ＩＴの進化とともに、既存の考えに縛られずに時代の流れをいち早く読み取り、自分で人生の行き先・生き方を決めている方々が今の社会を牽引するようになってきています。

先見の明に優れた方々から、学校教育システムについて問題提起がされることがあります。このことは、今の学校教育が時代に合わなくなってきていることを象徴しているように感じます。

きちんとしたしつけや教育を受けて大人になった方の中にも、自己肯定感や自己価値、あるいは自分の中から湧き出す感情をあまり感じられない、本当はどう生きたいのかということが見出せない、心に傷を抱えて苦しい思いをしている、といった方がたくさんいらっしゃいます。

一方で、学校に行かなくても、才能を開花させて自分らしく生き生きしている方を目にする機会も増えてきています。

生まれ持った個性や才能を伸ばすのに必要なのは、誰のためでもなく、『自分の感覚と自分の正直な気持ちに従って、〝自分で選ぶ力〟』が養われることです。

その意味で、どんなに時間をかけてもいいから、子どもが自発的な意志やペースで、本人の気質に合った方法や環境を選択することができること、そしてそのような方法や環境を、親御さんが確信を持って提供できること。それが子どもが生まれ持つ個性や感受性（感性）・才能を花開かせる土台となり、子どもの〝今〟と〝将来〟を、明るく大丈夫と言えるものにするのです。

最後に、【ＨＳＣを生きやすくする7つのこと】について、まとめておこうと思います。

【ＨＳＣを生きやすくする７つのこと】

１　ＨＳＣについて深く知る

（特に、ＨＳＣの良さが出やすい環境や関係と、出にくい環境や関係を知る）

２　子どもに自己否定感とトラウマ（愛着関係における傷・心の傷）を抱えさせない

（すでにトラウマが存在すると考えられる場合は、心に溜めてきた思いや感情をできるだけ解放させてあげる。第2章98ページの、回復に欠かせない『安心の基地』をご参照ください）

３　ＨＳＣ側の気持ちに寄り添い、考えを共有しながらサポートしてくれる人や、自分の感じ方が肯定されるような人・コミュニティとつながっていく

―以下は、ＨＳＣの子どもとともに―

４　子どもと親のオキシトシン分泌を活性化していく

（親の愛情深い関わりの中から、お互いのオキシトシンの分泌が活性化されることで、親子の愛着関係が安定したものとしてしっかりと結ばれる。それとともに、親には寛容さがもた

らされ、子どもも不安やストレスを感じにくくなり、傷つきやすさが和らぐ。オキシトシンの分泌を高めるには、子どもが好むスキンシップ（授乳・抱っこ・ハグ・手をつなぐなど）や、同じことを共有する、喜びを共感し合うなどの体験がとても大事である）

5　子どもと、親自身がＨＳＰである場合は親自身の、守り方を知っていく

（苦手な場所・こと・人に近づかない、他人との間にしっかりとした「境界」を築くために「自分軸」で生きることを心がける、ダウンタイムをこまめに取る、安心して居られる場所を確保する、必要な時には信頼できる人の力を借りる、など）

6　子どもと、ＨＳＰの親自身に合った学ぶ環境・働く環境（職種）を見つけていく

7　今までに身についてしまったマイナスに働いている習慣や思考の癖があれば、「自分らしく生きるためになるもの」になるように意識しながらゆっくりと変えていく

参考文献（出版年度順）

『子どもは家庭でじゅうぶん育つ：不登校、ホームエデュケーションと出会う』東京シューレ／編（東京シューレ出版）２００６
『ちゃんと泣ける子に育てよう：親には子どもの感情を育てる義務がある』大河原美以／著（河出書房新社）２００６
『ささいなことにもすぐに「動揺」してしまうあなたへ。』エレイン・N・アーロン／著 冨田香里／訳（SBクリエイティブ）２００８
『なぜ日本の若者は自立できないのか』岡田尊司／著（小学館）２０１０
『愛着障害：子ども時代を引きずる人々』岡田尊司／著（光文社新書）２０１１
『発達障害と呼ばないで』岡田尊司／著（幻冬舎新書）２０１２
『母という病』岡田尊司／著（ポプラ新書）２０１４
『ひといちばい敏感な子』エレイン・N・アーロン／著 明橋大二／訳（1万年堂出版）２０１５
『内向型人間のすごい力：静かな人が世界を変える』スーザン・ケイン／著 古草秀子／訳（講談社＋α文庫）２０１５
『「敏感すぎる自分」を好きになれる本』長沼睦夫／著（青春出版社）２０１６

『鈍感な世界に生きる 敏感な人たち』イルセ・サン／著 批谷玲子／訳（ディスカヴァー・トゥエンティワン）2016
『愛着障害の克服：「愛着アプローチ」で、人は変われる』岡田尊司／著（光文社新書）2016
『ママ、怒らないで。：不機嫌なしつけの連鎖がおよぼす病』斎藤裕・暁子／著（風鳴舎）2017
『過敏で傷つきやすい人たち：HSPの真実と克服への道』岡田尊司／著（幻冬舎新書）2017
『子どもの敏感さに困ったら読む本：児童精神科医が教えるHSCとの関わり方』長沼睦夫／著（誠文堂新光社）2017
『敏感すぎる心がスーッとラクになる本』長沼睦夫／著（扶桑社ムック）2017
『HSCの子育てハッピーアドバイス：HSC＝ひといちばい敏感な子』明橋大二／著（1万年堂出版）2018
『学校は行かなくてもいい：親子で読みたい「正しい不登校のやり方」』小幡和輝／著（健康ジャーナル社）2018
『子育てで一番大切なこと：愛着形成と発達障害』杉山登志郎／著（講談社現代新書）2018

おわりに

ちょうど1年ほど前。夫から、HSCについて、自身がまとめた原稿を渡されました。「冊子でもいい。本にして必要な人に読んでもらいたい」という言葉を添えて。

その頃、私たち夫婦は息子から、「今はママがリーダー」と言われていました。それまで長い間、精神科医として仕事をし、家庭を支えてきてくれた夫が主夫となって家事炊事を担当。妻であり母である私が中心になって仕事をしていく。というスタイルになっていたので、私は忙しくて編集や出版には関われない、と感じ、何となくスルーしてしまっていました。


ところが、しばらく経つと、また書籍化の話が持ち上がります。

それが数回続いた頃、なぜかふと、

「これ、もしかしたら、私がやらなければならないことなのかもしれない」

と、ハッとしたのです。

夫の原稿としか思っておらず、中々自分事にならなかったのでした。

そこで初めて、その原稿を真剣に読みました。読み終えた時、私はそれまでちゃんと読もうとしなかったことを申し訳なく思いました。

まるで、ＨＳＣが必死で「言葉にならない心の叫び声」をあげているのに、それを重要視せずに、自分のことばかりを優先してしまっていたような感覚になったのです。

原稿には、ＨＳＣの、「言葉にならない心の叫び声」を拾い、ＨＳＣが何でつらい思いをしているのか、そのつらさはＨＳＣに何をもたらすのか、ＨＳＣを「生きづらさ」や「自己否定感」「トラウマ」を抱えることから守るにはどうしたらいいのか…。といったことが書かれていました。

ＨＳＰである夫自身の「生きづらさ」や「トラウマ」をもとに、また、精神科医としての臨床経験や、ＨＳＣと関連があるとされる書籍から研究・分析したものが、深く処理され、説明されていたのです。

そこには、心の病を「予防」したい、というものに留まらず、ＨＳＣが自己肯定感で満たされて、「生まれてきて良よかった」と心から思えることへの願いが込められていました。

これを必要とされている方がきっといらっしゃる…。これは何とかして書籍化したい。ちゃんと読んでもらえて、苦しい思いをしている子どもや親御さんに、笑顔が戻る本をつくりたい。そう思ったのです。

正直でごまかしの効かないHSCが、「生まれてきて良かった」と感じられるとしたら、それは本当に素敵なことだと思います。

反対に「生まれてきて良かった」と思えない状態は、〝今〟も〝将来〟も「大丈夫」とは言い切れない。

そのような視点を持って、HSCの心を守ってほしい。そう願う、夫の強い思いを形にして世の中に広める役目と、この本の著者を私が担わせてもらうことになりました。

1章、2章、6章は、夫から預かり、より読みやすく手を加えたものであるということを、ここでお伝えしておきたいと思います。

きっと、夫の原稿が私に委ねられたのは、それぞれに役目があったのだと思います。書いた本人が表に出なくてはならないということはない。適材適所で、それぞれの優れた面を発揮できる場や事は違う。足りないところを補い合って目的を遂行していく。そういう生き方があることを学びました。

また、ある日息子に、将来はどういう人になりたいかと聞いたら、息子は、「結婚する。結婚して家で仕事する」と答えました。なんて素敵な答えだろうと思いました。

このようなことからも私は、「優れた面を発揮できる場所というのが『家』であってい い」という認識を、夫と息子を通じて得ていったのです。

学校がつらい、行きたくないと言うＨＳＣにとって、本領発揮できる場所、それが『家』である、と堂々と言えるのはすごいことだと思います。

家がその子の「安心の基地」になっていたら、きっと本領発揮できると信じています。

一方で、選択肢は多様です。もちろん家以外にも、ＨＳＣが安心と感じられる環境が増えることが望まれます。

ご自身がＨＳＰでありＨＳＣだったという親御さんは特に、ＨＳＣは、学校や社会という環境で自己肯定感が削がれてしまいやすいことを、実感をもって深く理解されます。

ですから、ＨＳＣをたくさんの人に知ってもらい、ＨＳＣが「生きづらさ」や「自己否定感」を抱えなくていいように、世の中に働きかけたい。そしてＨＳＣの将来が明るく、生きやすい社会になってほしいと願うのです。

『ＨＳＣ概念は優しい世界の鍵になる！』

不登校など、不適応を起こしやすい気質の子にとって何がつらいのかを知ること。とても敏感で感受性が高い子を通してその感覚を想像できるようになること。

これらができるようになると、世の中はもっと優しい世界になるのではないか。そう思います。

学校や社会に安全・安心が感じられ、居心地の良さ、意義が感じられる場所になるのであれば、それに越したことはないですし、一方で、『学校がすべてではない。選択は自由』『学校に行っても行かなくても、子どももお母さんも幸せでいられる』という社会になるといい。

そんな世の中への橋渡しを応援・支援して下さる方が多ければ多いほど、今悩んでいる子どもさんや親御さんは励まされ、希望になると思います。

『一石を投じた。その波紋は広がるだろうか…』

クラウドファンディングの最中、そのイメージができず心細かった時がありましたが、クラウドファンディングに多くの方がご支援くださり、チーム一丸となって書籍制作、コミュニティ構築に取り組んできた今、波紋はきっと広がっていく。そうイメージすることができます。

同じ思いを持って集まってくれた書籍制作チームの活躍やチームワークは本当に頼もしく、子育てや生活、仕事などと掛け持ちしながらも、朝5時にミーティングを行ったりと、皆真剣に丁寧に、心を込めて制作に取り組んでくださいました。

また、当初は1から10まで自分たちでつくり上げる予定だった本書。初稿が整った段階で、風鳴舎 青田さんのご協力が得られ、市販本として巣立つための編集が施されました。

青田さんは、それまでにつくり上げられた原稿が、問題意識を持ったお母さんが集まって、「子どもたちの未来のためにつくる」という思いが結集したものであることを尊重し、できるだけそのままに近い形で、全国の必要な人のもとに届けられるよう導いてくださいました。心から感謝申し上げます。

生まれてきてくれた、私の成長と自立を促してくれる存在である息子と、原稿を提供し、今あるすべてをもたらしてくれた夫に、心から感謝します。そして、私が、仕事をしながら書籍制作、コミュニティ構築に取り組む間、校正を含めてサポートに徹し、息子と二人で買い物へ行き、毎食欠かさず美味しいご飯をつくって支えてくれたことに、心から敬意を表します。

応援し、力を貸してくださった皆様、この本を手に取って読んでくださった皆様、そして本作りに多大な力を注ぎ、支えてくださった書籍制作プロジェクトメンバーの皆様に心から感謝いたします。本当にありがとうございました。

これからも、手を取り合って、一緒に温かさを感じていけますように。

斎藤 暁子（kokokaku）

クラウドファンディングにご支援いただいたサポーターさんからのメッセージ＆お名前掲載

（「メッセージ・お名前掲載」が含まれているコースにご支援いただいた皆様）
（※敬称略）

佐渡島庸平
コルクラボ

コルクラボでは、このような挑戦を応援する仕組みがあるので、興味のある方はぜひ参加してください！ kokokaku さん、聖なる一歩、おめでとう！

薗頭隆太（その。）

企画立ち上げ時から、取り組みを見させていただきました。プロジェクトの想いがつながって、一人でも多くの安心がつくられることを願っています。

青山絵美加

私は自らの選択で学校へ行くことを辞めた経験から、学校へ行くこと以外にも選択肢はあるということをHSCの子を持つ親御さんに知って欲しいと考え、今回クラウドファンディングにて支援をさせていただきました。これからは個々の特性を尊重した教育がスタンダードとなると確信しております。この書籍が多くの方の支えとなれば嬉しいです。

あすまま

子どもが学校へ行けません。現実は誰に相談しても学校へ行く以外に道はないように感じましたが、苦しんでいる子どもを前に無理強いできず悩みました。そんな時にこの活動を知り、新しい道への希望を感じ参加しました。

猪俣奈央子

大人がそうであるように、子どもだって、一人ひとり“自分らしく”いられる場所は異なります。すべての子どもたちにとって学校が、地域が、社会がもっと生きやすくなるようにとの願いを込めて、今回の書籍制作プロジェクトに参加しました。子どもがそれぞれの気質や個性に合わせて学ぶ場所を選択できたら——今よりももっと優しく、力強い未来が待っている気がします。

大野久美子

まだ国内では研究が進んでいないHSCについて知りたくてこのプロジェクトに参加しました。この情報を求めているすべての人に、この本が届けばいいなと願っています。

奥戸サオリ

kokokakuさんのブログでHSCを知り、今回クラウドファンディングを通じて書籍制作プロジェクトに参加できたことで、私自身も様々な可能性を見出すことができました。この本をキッカケに少しでも多くの方にHSCの認識が広まり、また不登校に対する漠然とした不安が払拭されることを願います。最後にkokokakuさんをはじめ、書籍制作プロジェクトメンバーの皆様、ご協力いただいた皆様に心から感謝いたします。

片本梨沙

自閉症スペクトラムの息子の子育てに悩んでいる最中、HSCを知りました。生きづらさを抱えやすいという共通点から「HSCを広めたい」「悩んでいる親子を救いたい」と書籍制作に参加しました。kokokakuさん+18名の知恵と母親の熱い思いが集結し、心震え、何度私自身励まされたことでしょうか。未就学児のわが子2人にも今後学校生活でつらくなることがあれば、この本を頼りに「無理をしなくていいよ」と言ってあげたいと思います。

Kimito

小１の２学期から不登校になったあなた。私はそのお陰であなたのことをたくさん知る機会を得て、そして人より敏感な性格のあなたともっと楽しく暮らせるように、HSC について学びたいと思いました。学校に行っても、行けなくても、あなたの未来が輝くように、これからもサポートしていきますね。母より

高野あゆみ

HSC 娘の登園渋りがきっかけで退職した私。HSC 親子に安心を届けたいけれど私に何が出来るんだろう？と模索していた時にこのプロジェクトを知り、参加しました。同じ想いを持った仲間が集まると、これほどまでに大きな力が生み出せるんだ！と感動が止まりませんでした。HSC が温かさに包まれて自分らしい花を咲かせることを、心から願っています。最後に娘へ。「こんなに素敵な世界を見せてくれてありがとう」

chieko
水野ちえこ

不登校の HSC の母で、私自身 HSP で子どもの頃からずっと生きづらさを感じてきました。でも HSC という概念を知ったことで、子どもや自分の生きづらさの理由がわかり、それだけでも本当に心が救われました。不登校の HSC とその親御さんは、自分を責めたり否定したりする必要はまったくないということを知ってほしいです。今後、HSC が自分の気質を活かし才能を発揮していくことで、心地良く生きやすい世界が広がることを心から信じています。

中村美香

HSCの小5の息子がいます。「HSCの子どもと親がもっと幸せを感じる社会になるように」という思いに共感し書籍作りに参加しました。チームのメンバーと共創する中で知識が深まり、たくさんの気づきをもらえました。子ども一人ひとりが自分に合った生き方学び方を選択できる未来へ、この本がつながりますように！　このようなプロジェクトを立ち上げてくださったkokokakuさん、本当にありがとうございます！

服部智子

書籍制作プロジェクトに参加させていただきました。初めてのことばかりでしたが、プロジェクトに参加された皆さんのエネルギーで書籍が出来上がっていく過程は本当に素晴らしかったです。そのようなプロジェクトに参加することができて幸せでした。ありがとうございました。出来上がった本を早く誰かの手元に届けたい。読んだ人に希望が届きますように。

平松　幸

「違いの認め合える世の中を」。そんな思いでこちらのプロジェクトに参加させていただきました。この本を通して、一人ひとりが、「そのままでいいんだよ」と優しく誰かに語りかけられているような気持ちになって、そして、誰かの背中を押すような……そんな本になるといいなと願っています。皆様、ありがとうございました。

makicoo
さとうまきこ

kokokaku さんを通じて HSC を知り、第５章のプロジェクトマネージャーとして、参加させていただきました。一番印象に残っているのは朝5時からの打ち合わせに、執筆に関わられている方がぴったり時間通りに参加くださったこと。kokokaku さんはもちろん、この本に関わられた皆さんは本当に全力でこの本に注力されました。そんな渾身の一作、手に取られた方の少しでもお役に立つことができたら、とても嬉しいです。

増田幸子

書籍をつくるという目標の下、同じ悩みを持つ親御さんと知り合うことができ、さらに学ぶチャンスもいただき、いままで孤軍奮闘してきた行動について肯定してもらえたのが何よりの収穫でした。この本は、そんな HSC の親御さんやお子さんに寄り添い、勇気づける本となっています。この本をきっかけに、HSC の理解の輪がさらに広がることを願ってやみません。最後に、斎藤さんはじめ、プロジェクトチームの皆様、本当にありがとうございました。

増田ゆきみ

私の子育ては悩みと迷いばかりでした。でも HSC という概念を知ることで活路が見出せました。学校へ行かないことで大変なこともありますが、「つらくなった子どもが家に避難してきた」と考えれば、親は、子どもにとって安心できる存在であることを誇りに思っていいと思うのです。この本が、日本中の HSC 親子の一筋の光になってくれることを切に願います。最後に、斎藤暁子さん＆書籍制作メンバーの皆さんへ心からの感謝を。

ママにゃ～ご

「植物が育たないときは植物を変えようとするのではなく〝育てる土壌〟を変える」。子どもの個性や気質が否定されない環境をつくること、人一倍敏感な子も居心地が良いと思える社会を大人がつくることは、結果的にどんな子どもにとっても良いことだと思います。このクラウドファンディングはまさに大人たちが子育ての環境を良く変えようと必死に動く現場でした。この本から子どもたちの笑顔が広がっていくことを願っています。

マメ
hsp mom

人の心を汲む敏感な息子は、人が生きる意味を〝誰かを助けるため〟だと言い切る。その人生観が彼自身の助けにつながるよう願わずにいられない。そんな彼には褒めるよりも、認め、寄り添い、感謝を伝え続けていきたい。私の役目は、学齢期に彼がありのままの自分でいいと思える環境へ導くこと。HSC にとってダイバーシティが進む次世代はきっと追い風。呼吸を整え、感覚を研ぎ澄ましたら、自分が信じる道へ歩み出しても大丈夫だよ。

みんとママ

長期間不登校に悩み苦しんでいたある高校生。HSC という概念を知り、自分が HSC であることを自覚してからは、すっぱりと学校を辞め、勉学にバイトにとても充実した毎日を送っています。HSC の子育てに関わる方々と出会い、色々なことを知るうちに、現在の学校をめぐる状況に地域格差が大きいことに気づきました。学校は「行かねばならないところ」ではなく「学ぶために利用できるところ」のひとつですよね。知るって大事。

諸岡香奈

その人その人の得意なことが受け入れられ、そして色々な多様性が受け入れられる世の中になりますように。本を読んで、理解して、自分もそうなれますように。